Süße Versuchungen 2023

Backen für jeden Anlass und Geschmack

Sophia Keller

Inhaltsverzeichnis

Blechkuchen mit Erdbeeren und Kokos 11

Brauner Zucker und Bananenriegel 13

Sonnenblumen- und Nussriegel 14

Toffee-Quadrate 15

Toffee-Blechbacken 16

Aprikosen-Käsekuchen 17

Avocado-Käsekuchen 19

Bananen-Käsekuchen 20

Leichter karibischer Käsekuchen 21

Käsekuchen mit schwarzen Kirschen 22

Kokos-Aprikosen-Käsekuchen 23

Cranberry-Käsekuchen 24

Ingwer-Käsekuchen 25

Käsekuchen mit Ingwer und Zitrone 26

Käsekuchen mit Haselnüssen und Honig 27

Käsekuchen mit Stachelbeere und Ingwer 28

Leichter Zitronen-Käsekuchen 30

Zitronen-Müsli-Cheesecake 31

Mandarinen-Käsekuchen 32

Zitronen-Nuss-Käsekuchen 33

Limetten-Cheesecake 35

Käsekuchen von St. Clemens 36

Paschka 37

Leichter Ananas-Käsekuchen 38

Ananas-Käsekuchen 39

Rosinen-Käsekuchen 41

Himbeerkäsekuchen 42

Sizilianischer Käsekuchen 43

Glasierter Joghurt-Käsekuchen 44

Erdbeer-Käsekuchen 46

Käsekuchen mit Sultaninen und Brandy 47

Gebackener Käsekuchen 49

Gebackene Käsekuchenriegel 50

Amerikanischer Käsekuchen 51

Gebackener holländischer Apfelkäsekuchen 52

Gebackener Aprikosen- und Haselnuss-Käsekuchen 54

Käsekuchen mit Aprikosen und Orangen 55

Aprikosen- und Ricotta-Käsekuchen im Ofen 57

Boston-Käsekuchen 58

Gebackener karibischer Käsekuchen 59

Gebackener Schokoladen-Käsekuchen 61

Schokoladen-Nuss-Käsekuchen 62

Deutscher Käsekuchen 63

Irischer Sahnelikör-Käsekuchen 65

Amerikanischer Zitronen-Nuss-Käsekuchen 67

Orangen-Käsekuchen 68

Ricotta-Käsekuchen 69

Käsekuchen mit gebratenem Käse und Sauerrahmschicht 71

Leicht gebackener Käsekuchen mit Sultaninen 72

Leicht gebackener Vanille-Käsekuchen 73

Gebackener Käsekuchen mit weißer Schokolade	74
Käsekuchen mit weißer Schokolade und Haselnüssen	75
Käsekuchen mit weißer Schokolade und Waffeln	76
Sandteig	77
Mürbeteig mit Öl	78
Reichhaltiger Mürbeteig	79
Amerikanischer Shortbread-Teig	80
Käsegebäck	81
Brandteig	82
Blätterteig	83
Blätterteig	85
Roher Blätterteig	86
Pate Sucree	87
Choux-Creme-Brötchen	88
Käsige Mandarinen-Puffs	89
Schokoladen-Eclairs	90
Profiteroles	91
Mandel- und Pfirsichgebäck	92
Apple Windmühlen	94
Cremefarbene Hörner	95
Seriell	96
Gebäck gefüllt mit Ricotta	97
Walnusssaucen	98
Dänische Pasteten	99
Dänische Geburtstagsbrezel	100
Dänische Gebäckschnecken	102
Dänische Gebäckzöpfe	103

Dänische Konditoreien ... 104
Mandelgebäck ... 105
Einfacher Biskuitkuchen-Fall ... 106
Mandelkuchen ... 107
Apfel- und Orangenkuchen aus dem 18. Jahrhundert ... 108
Deutscher Apfelkuchen ... 109
Apfelkuchen mit Honig ... 110
Apfel-Hack-Kuchen ... 112
Apfel- und Sultanatorte ... 113
Aprikosen-Kokos-Baiser-Tarte ... 114
Bakewell-Kuchen ... 115
Banoffee-Fudge-Torte ... 116
Verkauf von walisischen Blackberrys ... 117
Brandy oder Rum-Tarte ... 118
Butterkuchen ... 120
Kokosnusskuchen ... 121
Puddingtörtchen ... 122
Dänische Puddingtörtchen ... 123
Obsttorten ... 124
Genuesischer Kuchen ... 126
Ingwerkuchen ... 127
Marmelade Torten ... 128
Pekannusstorte ... 129
Pekannuss- und Apfelkuchen ... 130
Gainsborough-Torte ... 131
Zitronenkuchen ... 132
Zitronentorten ... 133

Orangenkuchen	134
Birne	135
Birnen- und Mandelkuchen	136
Königlicher Rosinenkuchen	138
Tarte von Rosinen und Sauerrahm	140
Erdbeerkuchen	141
Sirupkuchen	143
Walnuss- und Sirupkuchen	144
Amish Shoo-Fly Pie	145
Boston Vanillepuddingstück	146
American White Mountain Cake	147
Amerikanischer Buttermilchkuchen	149
Karibischer Ingwer-Rum-Kuchen	150
Sachertorte	151
Karibischer Rum-Obstkuchen	153
Dänischer Butterkuchen	155
Dänischer Kardamomkuchen	156
Torte Pithiviers	157
Galette des rois	158
Creme Karamell	159
Gugelhopf	160
Luxus-Schokoladen-Gugelhopf	162
verfestigen	164
Mandelstollen	166
Pistazien-Nuss-Stollen	168
Baklava	170
Ungarischer Stresselwirbel	171

Panforte 173

Nudelband-Kuchen 174

Italienischer Reiskuchen mit Grand Marnier 175

Sizilianische Biskuitkuchen 176

Italienischer Ricotta-Kuchen 177

Italienischer Fadennudelkuchen 178

Italienischer Walnuss- und Mascarponekuchen 179

Holländischer Apfelkuchen 180

Norwegischer einfacher Kuchen 181

Norwegischer Kransekake 182

Portugiesische Kokosnusskuchen 183

Skandinavischer Tosca-Kuchen 184

Südafrikanische Hertzog-Kekse 185

Baskischer Kuchen 186

Mandel- und Frischkäseprisma 188

Schwarzwälder Kirschtorte 190

Schokoladen- und Mandeltorte 191

Schokoladen-Käsekuchen-Torte 192

Schokoladen-Fudge-Torte 194

Johannisbrot-Minz-Torte 196

Eiskaffee-Torte 197

Kaffee-Walnuss-Ring-Torte 198

Dänische Schokoladen- und Puddingtorte 200

Fruchttorte 202

Frucht-Savarin 203

Ingwer-Schichtkuchen 205

Trauben-Pfirsich-Torte 206

Zitronentorte 208

Marron-Torte 209

Millefeuille 211

Orangen-Torte 212

Vierschichtige Orangenmarmeladen-Torte 213

Pekannuss- und Datteltorte 215

Pflaumen-Zimt-Torte 217

Schnittschicht Torte 218

Blechkuchen mit Erdbeeren und Kokos

Macht 16

Für den Teig (Nudeln):

50 g Schmalz (Backfett)

50 g Butter oder Margarine

200 g/7 oz/1¾ Tassen Mehl (Allzweck)

Etwa 15 ml/1 EL Wasser

225 g/8 oz/2/3 Tasse Erdbeermarmelade (aus der Dose)

Für die Füllung:

175 g/6 oz/¾ Tasse Butter oder Margarine, aufgeweicht

175 g/6 oz/¾ Tasse Streuzucker (superfeiner) Zucker

3 Eier, leicht geschlagen

15 ml/1 EL Mehl (Allzweck)

Abgeriebene Schale von 1 Zitrone

225 g/8 oz/2 Tassen getrocknete (geschredderte) Kokosnuss

Für den Teig Schmalz und Butter oder Margarine in das Mehl einreiben, bis die Mischung Paniermehl ähnelt. Mit genügend Wasser zu einem Teig verrühren, auf einer leicht bemehlten Fläche ausrollen und den Boden und die Seiten einer 30 x 20 cm/12 x 8 Zoll großen Biskuitrollenform (Geleerollenpfanne) auskleiden. Mit einer Gabel überall einstechen. Reservieren Sie die Beilagen. Den Teig mit Marmelade bestreichen.

Für die Füllung Butter oder Margarine und Zucker schaumig schlagen. Die Eier nach und nach unterschlagen, dann das Mehl und die Zitronenschale unterheben. Kokosnuss unterrühren. Die Marmelade darauf verteilen und die Ränder zum Teig schließen. Den Blätterteig ausrollen und ein Gittermuster über die Oberseite der Backform formen. Im vorgeheizten Backofen bei

190°C/375°F/Gas Stufe 5 30 Minuten goldbraun backen.
Abgekühlt in Quadrate schneiden.

Brauner Zucker und Bananenriegel

Macht 12

75 g/3 oz/1/3 Tasse Butter oder Margarine

225 g/8 oz/1 Tasse weicher brauner Zucker

1 großes Ei, leicht geschlagen

150 g Mehl (Allzweckmehl)

5 ml/1 TL Backpulver

Eine Prise Salz

100 g / 4 oz / 1 Tasse Schokoladenstückchen

50 g/2 oz/½ Tasse getrocknete Bananenchips, grob gehackt

Butter oder Margarine schmelzen, vom Herd nehmen und den Zucker einrühren. Lauwarm abkühlen lassen. Das Ei nach und nach unterschlagen und dann die restlichen Zutaten unterrühren, bis ein ziemlich steifer Teig entsteht. Wenn es zu fest ist, etwas Milch einrühren. In eine gefettete quadratische Kuchenform (18 cm / 7 Zoll) geben und im vorgeheizten Ofen bei 140 °C/275 °F/Gas Stufe 1 1 Stunde lang backen, bis die Oberseite knusprig ist. In der Form lauwarm ruhen lassen, dann in Streifen schneiden und auf einem Kuchengitter auskühlen lassen. Die Mischung wird ziemlich klebrig sein, bis sie abkühlt.

Sonnenblumen- und Nussriegel

Macht 18

150 g Butter oder Margarine

45 ml/3 EL klarer Honig

Ein paar Tropfen Mandelessenz (Extrakt)

275 g/10 oz/2½ Tassen Haferflocken

25 g/1 oz/¼ Tasse gesplitterte (gesplitterte) Mandeln

25 g/1 oz/2 Esslöffel Sonnenblumenkerne

25 g/1 oz/2 EL Sesamsamen

50 g Rosinen

Butter oder Margarine mit dem Honig schmelzen, dann alle anderen Zutaten unterrühren und gut vermischen. In eine gefettete 20 cm/8 Zoll große quadratische Kuchenform (Pfanne) geben und die Oberfläche nivellieren. Drücken Sie die Mischung vorsichtig. Im vorgeheizten Backofen bei 190°C/375°F/Gas Stufe 5 20 Minuten backen. Etwas abkühlen lassen, in Riegel schneiden und kalt aus der Form lösen.

Toffee-Quadrate

Macht 16

75 g/3 oz/¾ Tasse einfaches Mehl (Allzweck)

50 g/2 oz/¼ Tasse Butter oder Margarine, weich

25 g/1 oz/2 Esslöffel weicher brauner Zucker

Eine Prise Salz

1,5 ml/¼ TL Bicarbonat (Backpulver)

30 ml/2 EL Milch

Für den Belag:

75 g/3 oz/1/3 Tasse Butter oder Margarine

75 g/3 oz/1/3 Tasse weicher brauner Zucker

25 g/1 oz/¼ Tasse Schokoladenstückchen

Mischen Sie alle Kuchenzutaten zusammen und fügen Sie gerade genug Milch hinzu, um eine glatte, tropfende Konsistenz zu erhalten. In eine gefettete quadratische Kuchenform (23 cm/9 Zoll) drücken und im vorgeheizten Ofen bei 180 °C/350 °F/Gas Stufe 4 15 Minuten lang goldbraun backen.

Für den Belag Butter oder Margarine und Zucker in einem kleinen Topf schmelzen, aufkochen und unter ständigem Rühren 2 Minuten köcheln lassen. Über den Boden gießen und für 5 Minuten in den Ofen stellen. Mit den Schokoladensplittern bestreuen und beim Abkühlen des Kuchens im Topping weich werden lassen. In Riegel schneiden.

Toffee-Blechbacken

Macht 16

100 g/4 oz/½ Tasse Butter oder Margarine, aufgeweicht

100 g/4 oz/½ Tasse weicher brauner Zucker

1 Eigelb

50 g/2 oz/½ Tasse einfaches Mehl (Allzweck)

50 g/2 oz/½ Tasse Haferflocken

Für den Belag:
100 g/4 oz/1 Tasse dunkle (halbbittere) Schokolade

25 g/2 EL Butter oder Margarine

30 ml/2 EL gehackte Walnüsse

Butter oder Margarine, Zucker und Eigelb schaumig schlagen. Mehl und Haferflocken unterrühren. In eine gefettete 30 x 20 cm/12 x 8 Zoll große Biskuitrollenform drücken und im vorgeheizten Backofen bei 190°C/375°F/Gas Stufe 5 20 Minuten backen.

Für das Topping Schokolade und Butter oder Margarine in einer hitzebeständigen Schüssel über einem Topf mit leicht siedendem Wasser schmelzen. Auf die Mischung verteilen und mit den Walnüssen bestreuen. Etwas abkühlen lassen, in Riegel schneiden und in der Form auskühlen lassen.

Aprikosen-Käsekuchen

Ergibt einen 23 cm/9 Zoll großen Kuchen

225 g / 8 oz / 2 Tassen Ingwerkekse (Keksbrösel).

30 ml/2 EL weicher brauner Zucker

50 g/2 oz/¼ Tasse Butter oder Margarine, geschmolzen

Für die Füllung:

15 g/½ oz/1 EL Gelatinepulver

225 g/8 oz/1 Tasse (superfeiner) Zucker

250 ml/8 fl oz/1 Tasse Sirup aus der Dose Aprikosen

90 ml/6 EL Cognac oder Aprikosencognac

45 ml/3 EL Zitronensaft

4 Eier, getrennt

450 g/1 lb/2 Tassen weicher Frischkäse

250 ml/8 fl oz/1 Tasse Schlagsahne

Für den Belag:

400g/1 große Dose Aprikosenhälften in Sirup, abgetropft und Sirup reserviert

90 ml/6 EL Marillenbrand

30 ml/2 EL Speisestärke (Speisestärke)

Rühren Sie die Kekskrümel und den braunen Zucker in die geschmolzene Butter und drücken Sie sie auf den Boden einer 23 cm/9 Zoll Kuchenform mit losem Boden (Dose). Im vorgeheizten Ofen bei 160°C/335°F/Gas Stufe 3 10 Minuten backen. Herausnehmen und abkühlen lassen.

Für die Füllung die Gelatine und die Hälfte des Zuckers mit Aprikosensirup, Weinbrand und Zitronensaft verrühren. Bei schwacher Hitze etwa 10 Minuten unter ständigem Rühren kochen, bis sie eingedickt ist. Eigelb unterrühren. Vom Herd nehmen und etwas abkühlen lassen. Den Käse glatt rühren. Die Gelatinemischung langsam unter den Käse rühren und abkühlen lassen, bis sie leicht eingedickt ist. Das Eiweiß schlagen, bis es weiche Spitzen bildet, dann nach und nach den restlichen Zucker unterschlagen, bis es steif und glänzend ist. Schlagsahne steif schlagen. Die beiden Mischungen durch den Käse heben und in den gebackenen Boden schöpfen. Mehrere Stunden kühl stellen, bis sie fest sind.

Die Aprikosenhälften auf den Käsekuchen legen. Cognac und Speisestärke zusammen erhitzen und umrühren, bis sie dickflüssig und klar sind. Etwas abkühlen lassen und dann zum Glasieren über die Aprikosen geben.

Avocado-Käsekuchen

Ergibt einen 20 cm/8 Zoll großen Kuchen

225 g / 8 oz / 2 Tassen Digestive Kekse (Graham Cracker) Krümel

75 g/3 oz/1/3 Tasse Butter oder Margarine, geschmolzen

Für die Füllung:

10 ml/2 TL Gelatinepulver

30 ml/2 EL Wasser

2 reife Avocados

Saft von ½ Zitrone

Abgeriebene Schale von 1 Zitrone

100 g Frischkäse

75 g/3 oz/1/3 Tasse Streuzucker (superfeiner) Zucker

2 Eiweiß

300 ml/½ Pt/1¼ Tassen Schlagsahne oder doppelte (schwere) Sahne

Die Kekskrümel und die geschmolzene Butter oder Margarine mischen und auf den Boden und die Seiten einer gefetteten 20 cm/8 Zoll Kuchenform mit losem Boden drücken. Aushängen.

Die Gelatine in einer Schüssel über das Wasser streuen und schaumig werden lassen. Stellen Sie die Schüssel in einen Topf mit heißem Wasser und lassen Sie sie dort, bis sie sich aufgelöst hat. Etwas abkühlen lassen. Avocados schälen, entkernen und das Fruchtfleisch mit dem Zitronensaft und der Schale zerdrücken. Käse und Zucker unterschlagen. Die aufgelöste Gelatine unterrühren. Das Eiweiß steif schlagen und dann mit einem Metalllöffel unter die Masse heben. Die Hälfte der Schlagsahne steif schlagen und dann unter die Masse heben. Auf den Keksboden geben und abkühlen lassen, bis er fest ist.

Die restliche Sahne steif schlagen und dekorativ auf den Cheesecake spritzen.

Bananen-Käsekuchen

Ergibt einen 20 cm/8 Zoll großen Kuchen

75 g/3 oz/1/3 Tasse Butter oder Margarine, geschmolzen

175 g/6 oz/1½ Tassen Digestive Kekse (Graham Cracker) Krümel

Für die Füllung:

2 Bananen, püriert

350 g fester Tofu

100 g Hüttenkäse

Abgeriebene Schale und Saft von 1 Zitrone

Zitronenscheiben zum Garnieren

Butter oder Margarine und Kekskrümel mischen und auf den Boden einer gefetteten 20 cm/8 Tortenform mit losem Boden drücken. Alle Zutaten für das Topping schaumig schlagen und auf dem Boden verteilen. 4 Stunden vor dem Servieren kühl stellen, mit Zitronenscheiben garnieren.

Leichter karibischer Käsekuchen

Ergibt einen 20 cm/8 Zoll großen Kuchen

75 g/3 oz/1/3 Tasse Butter oder Margarine

175 g/6 oz/1¾ Tassen Mehl (Allzweck)

Eine Prise Salz

30 ml/2 EL kaltes Wasser

400 g/14 oz/1 große Dose Ananas, abgetropft und gehackt

150 g Hüttenkäse

2 Eier, getrennt

15 ml/1 EL Rum

Reiben Sie die Butter oder Margarine in das Mehl und Salz, bis die Mischung Paniermehl ähnelt. Mischen Sie genug Wasser, um einen Teig (Paste) zu machen. Ausrollen und zum Auskleiden eines 20 cm/8 Zoll großen Tortenrings verwenden. Ananas, Käse, Eigelb und Rum mischen. Das Eiweiß steif schlagen und dann unter die Masse heben. Löffel in die Röhre (Schüssel). Im vorgeheizten Backofen bei 200°C/400°F/Gas Stufe 6 20 Minuten backen. Vor dem Stürzen in der Form abkühlen lassen.

Käsekuchen mit schwarzen Kirschen

Ergibt einen 20 cm/8 Zoll großen Kuchen

75 g/3 oz/1/3 Tasse Butter oder Margarine, geschmolzen

175 g/6 oz/1½ Tassen Digestive Kekse (Graham Cracker) Krümel

Für die Füllung:

350 g fester Tofu

100 g Hüttenkäse

Abgeriebene Schale und Saft von 1 Zitrone

400 g/1 große Dose Schwarzkirschen, abgetropft

Butter oder Margarine und Kekskrümel mischen und auf den Boden einer gefetteten 20 cm/8 Tortenform mit losem Boden drücken. Tofu, Käse, Zitronensaft und -schale verquirlen, dann die Kirschen unterrühren. Löffel über die Basis. 4 Stunden vor dem Servieren kalt stellen.

Kokos-Aprikosen-Käsekuchen

Ergibt einen 20 cm/8 Zoll großen Kuchen

Für die Kruste:
200 g/7 Unzen/1¾ Tassen getrocknete (geschredderte) Kokosnuss

75 g/3 oz/1/3 Tasse Butter oder Margarine, geschmolzen

Für die Füllung:
120 ml/4 fl oz/½ Tasse Kondensmilch

30 ml/2 EL Zitronensaft

250 g/9 oz/1 Tasse Frischkäse

120 ml/4 fl oz/½ Tasse doppelte (schwere) Sahne

Für den Belag:
5 ml/1 TL Gelatinepulver

30 ml/2 EL Wasser

100 g/1/3 Tasse Aprikosenmarmelade (konserviert), passiert (abgetropft)

30 ml/2 EL (feinster) Streuzucker

Die Kokosnuss in einer trockenen Bratpfanne (Pfanne) goldbraun rösten. Butter oder Margarine unterrühren und die Masse fest in eine 20 cm dicke Kuchenform drücken. Aushängen.

Kondensmilch und Zitronensaft verrühren und den Frischkäse unterrühren. Schlagsahne steif schlagen und dann unter die Masse heben. Löffel in die Kokosbasis.

Mischen Sie die Gelatine und das Wasser in einem kleinen Topf bei sehr schwacher Hitze und rühren Sie die Marmelade und den Zucker einige Minuten lang ein, bis sie klar und gut vermischt sind. Die Füllung darübergeben, abkühlen lassen und abkühlen lassen, bis sie fertig ist.

Cranberry-Käsekuchen

Ergibt einen 23 cm/9 Zoll großen Kuchen

100 g / 4 oz / 1 Tasse Digestive Kekse (Graham Cracker) Krümel

50 g/2 oz/¼ Tasse Butter oder Margarine, geschmolzen

225 g Preiselbeeren, gewaschen und abgetropft

150 ml/¼ pt/2/3 Tasse Wasser

150 g/5 oz/2/3 Tasse (superfeiner) Streuzucker

15 g/½ oz/1 EL Gelatinepulver

60 ml/4 Esslöffel Wasser

225 g/8 oz/1 Tasse Frischkäse

175 g Ricotta-Käse

5 ml/1 TL Vanilleessenz (Extrakt)

Kekskrümel und geschmolzene Butter mischen und auf den Boden einer gefetteten 23cm/9cm Springform drücken. Aushängen. Cranberries, 150 ml Wasser und Zucker in einen Topf geben und aufkochen. 10 Minuten kochen, gelegentlich umrühren. Die Gelatine über die 60 ml/4 EL Wasser in einer Schüssel streuen und schaumig werden lassen. Stellen Sie die Schüssel in einen Topf mit heißem Wasser und lassen Sie sie dort, bis sie sich aufgelöst hat. Die Gelatine unter die Cranberry-Mischung rühren, vom Herd nehmen und etwas abkühlen lassen. Käse und Vanilleessenz untermischen. Die Mischung auf den Boden geben und gleichmäßig verteilen. Mehrere Stunden kühl stellen, bis sie fest sind.

Ingwer-Käsekuchen

Ergibt einen Kuchen mit 900 g/2 lb

275 g/10 oz/2½ Tassen Ingwerkekse (Keksbrösel).

100 g/4 oz/½ Tasse Butter oder Margarine, geschmolzen

225 g/8 oz/1 Tasse Frischkäse

150 ml/¼ pt/2/3 Tasse doppelte (schwere) Sahne

100 g/4 oz/½ Tasse (superfeiner) Zucker

15 ml/1 EL gehackter Ingwer

15 ml/1 EL Cognac oder Ingwersirup

2 Eier, getrennt

Saft von 1 Zitrone

15 g/½ oz/1 EL Gelatinepulver

Kekse in die Butter rühren. Frischkäse, Sahne, Zucker, Ingwer und Cognac oder Ingwersirup verrühren. Eigelb unterschlagen. Den Zitronensaft in einen Topf geben und die Gelatine darüber streuen. Ein paar Minuten einwirken lassen und dann bei sanfter Hitze auflösen. Nicht kochen. Das Eiweiß zu weichem Schnee schlagen. 15 ml/1 EL gut in die Käsemasse einrühren. Den Rest vorsichtig unterheben. Gießen Sie die Hälfte der Mischung in eine leicht gefettete Kastenform von 900 g/2 lb. Mit der Hälfte der Keksmischung gleichmäßig bestreuen. Fügen Sie eine weitere Schicht der restlichen Käse-Keks-Mischung hinzu. Mehrere Stunden kühl stellen. Die Dose einige Sekunden in kochendes Wasser tauchen, mit einem Teller abdecken und servierfertig wenden.

Käsekuchen mit Ingwer und Zitrone

Ergibt einen 20 cm/8 Zoll großen Kuchen

175 g/6 oz/1½ Tassen Ingwerkeksbrösel (Kekse)

50 g/2 oz/¼ Tasse Butter oder Margarine, geschmolzen

15 g/½ oz/1 EL Gelatine

30 ml/2 EL kaltes Wasser

2 Zitronen

100 g Hüttenkäse

100 g Frischkäse

50 g/2 oz/¼ Tasse Streuzucker (superfeiner) Zucker

150 ml/¼ Pt/2/3 Tasse Joghurt

150 ml/¼ pt/2/3 Tasse doppelte (schwere) Sahne

Die Kekskrümel in die Butter oder Margarine einrühren. Drücken Sie die Mischung in den Boden eines 20 cm/8 Zoll losen Tortenrings. Die Gelatine über das Wasser streuen und über einem Topf mit heißem Wasser auflösen. Von einer Zitrone drei Streifen Schale abziehen. Von beiden Zitronen die restliche Schale abreiben. Die Zitronen vierteln, die Kerne entfernen und das Fruchtfleisch schälen und in einer Küchenmaschine oder einem Mixer pürieren. Den Käse hinzufügen und mischen. Zucker, Joghurt und Sahne zugeben und nochmals verrühren. Gelatine untermischen. Über den Boden gießen und abkühlen lassen, bis er fest ist. Mit der Zitronenzeste dekorieren.

Käsekuchen mit Haselnüssen und Honig

Ergibt einen 23 cm/9 Zoll großen Kuchen

175 g/6 oz/1½ Tassen Digestive Kekse (Graham Cracker) Krümel

75 g/3 oz/1/3 Tasse Butter oder Margarine, geschmolzen

100 g/4 oz/1 Tasse Haselnüsse

225 g/8 oz/1 Tasse Frischkäse

60 ml/4 Esslöffel klarer Honig

2 Eier, getrennt

15 g/½ oz/1 EL Gelatinepulver

30 ml/2 EL Wasser

250 ml/8 fl oz/1 Tasse doppelte (schwere) Sahne

Kekskrümel und Butter mischen und auf den Boden einer 23 cm/9 cm Tortenform mit losem Boden drücken. Bewahren Sie ein paar Haselnüsse für die Dekoration auf und mahlen Sie den Rest. Mit Frischkäse, Honig und Eigelb verrühren und gut verquirlen. Währenddessen die Gelatine mit dem Wasser beträufeln und stehen lassen, bis sie schaumig ist. Stellen Sie die Schüssel in einen Topf mit heißem Wasser und rühren Sie, bis sie geschmolzen ist. Die Käsemischung mit der Sahne unterrühren. Das Eiweiß steif schlagen und vorsichtig unter die Masse heben. Auf den Boden geben und abkühlen lassen, bis es fest ist. Mit ganzen Haselnüssen garnieren.

Käsekuchen mit Stachelbeere und Ingwer

Ergibt einen 23 cm/9 Zoll großen Kuchen

3 Stängel Ingwer, in dünne Scheiben geschnitten

50 g Kristallzucker

75 ml/5 EL Wasser

225 g Stachelbeeren

50 g/2 oz/½ Packung Gelee mit Limettengeschmack (Jello)

15 g/½ oz/1 EL Gelatinepulver

Abgeriebene Schale und Saft einer ½ Zitrone

225 g/8 oz/1 Tasse Frischkäse

75 g/3 oz/1/3 Tasse Streuzucker (superfeiner) Zucker

2 Eier, getrennt

300 ml/½ Pt/1¼ Tassen doppelte (schwere) Sahne

75 g/3 oz/1/3 Tasse Butter oder Margarine, geschmolzen

175 g/6 oz/1½ Tassen Ingwerkekse (Keksbrösel).

Einen 23 cm/9 cm großen Tortenring einfetten und mit losem Boden auslegen. Den Stängel-Ingwer am Rand des Bodens anordnen. Den Kristallzucker im Wasser in einem Topf auflösen und zum Kochen bringen. Die Stachelbeeren hinzugeben und etwa 15 Minuten sanft kochen, bis sie weich sind. Die Stachelbeeren mit einer Schaumkelle aus dem Sirup lösen und in der Mitte der vorbereiteten Backform anrichten. Den Sirup abmessen und mit Wasser auf 275 ml/9 fl oz/scan 1 cup auffüllen. Auf niedrige Hitze zurückschalten und Gelee einrühren, bis es sich aufgelöst hat. Vom Herd nehmen und stehen lassen, bis es anfängt fest zu werden. Die Stachelbeeren darauf verteilen und abkühlen lassen, bis sie fest sind.

Die Gelatine über 45ml/3 EL Zitronensaft in eine Schüssel streuen und schaumig werden lassen. Stellen Sie die Schüssel in einen Topf mit heißem Wasser und lassen Sie sie dort, bis sie sich aufgelöst hat. Frischkäse mit Zitronenschale, Puderzucker, Eigelb, Gelatine und der Hälfte der Sahne schaumig schlagen. Die restliche Schlagsahne steif schlagen und dann unter die Masse heben. Das Eiweiß steif schlagen und leicht unterheben. In die Form gießen und abkühlen lassen, bis es fest ist.

Butter oder Margarine und Keksbrösel verrühren und über den Käsekuchen streuen. Drücken Sie leicht nach unten, um die Basis zu festigen. Kühl bis fest.

Tauchen Sie den Boden der Form einige Sekunden in heißes Wasser, führen Sie ein Messer um den Rand des Käsekuchens und stürzen Sie ihn auf eine Servierplatte.

Leichter Zitronen-Käsekuchen

Ergibt einen 20 cm/8 Zoll großen Kuchen

Für die Basis:

50 g Butter oder Margarine

50 g/2 oz/¼ Tasse Streuzucker (superfeiner) Zucker

100 g / 4 oz / 1 Tasse Digestive Kekse (Graham Cracker) Krümel

Für die Füllung:

225 g/8 oz/1 Tasse vollfetter Weichkäse

2 Eier, getrennt

100 g/4 oz/½ Tasse (superfeiner) Zucker

Abgeriebene Schale von 3 Zitronen

150 ml/¼ pt/2/3 Tasse doppelte (schwere) Sahne

Saft von 1 Zitrone

45 ml/3 EL Wasser

15 g/½ oz/1 EL Gelatinepulver

Für den Belag:

45 ml / 3 Esslöffel Lemon Curd

Für den Boden Butter oder Margarine und Zucker bei schwacher Hitze schmelzen. Keksbrösel unterrühren. In den Boden einer 20 cm/8 Zoll Kuchenform (Dose) drücken und im Kühlschrank aufbewahren.

Für die Füllung den Käse in einer großen Rührschüssel aufweichen. Eigelbe, die Hälfte des Zuckers, Zitronenschale und Sahne unterschlagen. Zitronensaft, Wasser und Gelatine in eine Schüssel geben und über einem Topf mit heißem Wasser auflösen. In die Käsemischung einrühren und stehen lassen, bis sie fast fest ist. Das Eiweiß steif schlagen und den restlichen Puderzucker unterschlagen. Leicht, aber gründlich unter die Käsemischung heben. Auf den Boden geben und die Oberfläche glatt streichen. 3-

4 Stunden kühl stellen, bis sie ausgehärtet ist. Zum Schluss mit Lemon Curd toppen.

Zitronen-Müsli-Cheesecake

Ergibt einen 20 cm/8 Zoll großen Kuchen

175 g/6 oz/großzügiges 1 Tasse Müsli

75 g/3 oz/1/3 Tasse Butter oder Margarine, geschmolzen

Fein geriebene Schale und Saft von 2 Zitronen

15 g/½ oz/1 EL Gelatinepulver

225 g/8 oz/1 Tasse Frischkäse

150 ml/¼ Pt/2/3 Tasse Joghurt

60 ml/4 Esslöffel klarer Honig

2 Eiweiß

Das Müsli in die Butter oder Margarine einrühren und auf den Boden einer gefetteten 20 cm/8 losen Bodenform (Pfanne) drücken. Kühl stellen, bis es fest ist.

Den Zitronensaft mit Wasser auf 150 ml/¼ pt/2/3 Tasse auffüllen. Die Gelatine darüber streuen und stehen lassen, bis sie weich ist. Die Schüssel in einen Topf mit heißem Wasser stellen und leicht erhitzen, bis sich die Gelatine aufgelöst hat. Zitronenschale, Käse, Joghurt und Honig mischen und die Gelatine unterrühren. Das Eiweiß zu steifem Schnee schlagen und vorsichtig unter die Käsekuchenmischung heben. Auf den Boden geben und abkühlen lassen, bis es fest ist.

Mandarinen-Käsekuchen

Ergibt einen 20 cm/8 Zoll großen Kuchen

200 g / 7 oz / 1¾ Tassen Verdauungskekse (Graham Cracker) Krümel

75 g/3 oz/1/3 Tasse Butter oder Margarine, geschmolzen

Für den Belag:

275 g/10 oz/1 große Dose Mandarinen, abgetropft

15 g/½ oz/1 EL Gelatinepulver

30 ml/2 EL heißes Wasser

150 g Hüttenkäse

150 ml/¼ Pt/2/3 Tasse Joghurt

Kekskrümel und Butter oder Margarine mischen und auf den Boden eines losen unteren Tortenrings von 20 cm Durchmesser drücken. Aushängen. Mandarinen mit der Rückseite eines Löffels zerdrücken. Die Gelatine in einer kleinen Schüssel über das Wasser streuen und schaumig werden lassen. Stellen Sie die Schüssel in einen Topf mit kochendem Wasser und lassen Sie sie dort, bis sie sich aufgelöst hat. Mandarinen, Quark und Joghurt mischen. Gelatine unterrühren. Die Füllungsmischung auf den Boden geben und abkühlen lassen, bis sie fest ist.

Zitronen-Nuss-Käsekuchen

Ergibt einen 20 cm/8 Zoll großen Kuchen

Für die Basis:

225 g / 8 oz / 2 Tassen Digestive Kekse (Graham Cracker) Krümel

25 g/1 oz/2 Esslöffel (superfeiner) Streuzucker

5 ml/1 TL gemahlener Zimt

50 g/2 oz/¼ Tasse Butter oder Margarine, geschmolzen

Für die Füllung:

15 g/½ oz/1 EL Gelatinepulver

30 ml/2 EL kaltes Wasser

2 Eier, getrennt

100 g/4 oz/½ Tasse (superfeiner) Zucker

350 g/12 oz/1½ Tassen vollfetter Weichkäse

Abgeriebene Schale und Saft von 1 Zitrone

150 ml/¼ pt/⅔ Tasse doppelte (schwere) Sahne

25 g/1 oz/¼ Tasse gehackte gemischte Nüsse

Kekskrümel, Zucker und Zimt in die Butter oder Margarine einrühren. Drücken Sie auf den Boden und die Seiten einer 20 cm/8 losen Backform (Pfanne) mit losem Boden. Aushängen.
Für die Füllung die Gelatine in einer kleinen Schüssel im Wasser auflösen. Die Schüssel in einen Topf mit heißem Wasser stellen und rühren, bis sich die Gelatine aufgelöst hat. Vom Herd nehmen und etwas abkühlen lassen. Eigelb und Zucker schaumig schlagen. Stellen Sie die Schüssel über einen Topf mit leicht siedendem Wasser und schlagen Sie weiter, bis die Mischung dick und leicht ist. Vom Herd nehmen und lauwarm schlagen. Käse, Zitronenschale und -saft unterheben. Schlagsahne steif schlagen und dann mit den Nüssen unter die Masse heben. Gelatine vorsichtig unterrühren. Das Eiweiß steif schlagen und dann unter

die Masse heben. Auf den Boden geben und vor dem Servieren mehrere Stunden oder über Nacht abkühlen lassen.

Limetten-Cheesecake

Serviert 8

Für die Basis:

40 g/1½ oz/2 EL klarer Honig

50 g Demerara-Zucker

225 g/8 oz/2 Tassen Haferflocken

100 g/4 oz/½ Tasse Butter oder Margarine, geschmolzen

Für die Füllung:

225 g/8 oz/1 Tasse Hüttenkäse

250 ml/8 fl oz/1 Tasse Joghurt

2 Eier, getrennt

50 g/2 oz/¼ Tasse Streuzucker (superfeiner) Zucker

Abgeriebene Schale und Saft von 2 Limetten

15 g/½ oz/1 EL Gelatinepulver

30 ml/2 EL kochendes Wasser

Rühren Sie den Honig, den Demerara-Zucker und die Haferflocken in die Butter oder Margarine. In den Boden einer gefetteten 20 cm/8 Zoll Kuchenform (Dose) drücken.

Für die Füllung Quark, Joghurt, Eigelb, Zucker und Limettenschale verrühren. Die Gelatine über den Limettensaft und das heiße Wasser streuen und auflösen lassen. Über einer Schüssel mit heißem Wasser erhitzen, bis sie transparent ist, dann in die Mischung einrühren und vorsichtig umrühren, bis sie fest wird. Schlagen Sie das Eiweiß, bis es weiche Spitzen bildet, und heben Sie es dann unter die Mischung. Auf den vorbereiteten Boden geben und fest werden lassen.

Käsekuchen von St. Clemens

Ergibt einen 20 cm/8 Zoll großen Kuchen

50 g Butter oder Margarine

100 g / 4 oz / 1 Tasse Digestive Kekse (Graham Cracker) Krümel

2 Eier, getrennt

Eine Prise Salz

100 g/4 oz/½ Tasse (superfeiner) Zucker

45 ml/3 EL Orangensaft

45 ml/3 EL Zitronensaft

15 g/½ oz/1 EL Gelatine

30 ml/2 EL kaltes Wasser

350 g Hüttenkäse, passiert

150 ml/¼ Pt/2/3 Tasse doppelte (schwere) Sahne, Schlagsahne

1 Orange, geschält und in Scheiben geschnitten

Eine 20 cm/8 Tortenform mit losem Boden mit der Butter einfetten und mit den Keksbröseln bestreuen. Die Eigelbe mit dem Salz und der Hälfte des Zuckers schaumig schlagen. Mit dem Orangen- und Zitronensaft in eine Schüssel geben und in einem Topf mit heißem Wasser umrühren, bis die Mischung zu verdicken beginnt und die Rückseite eines Löffels bedeckt. Die Gelatine im kalten Wasser auflösen und leicht erhitzen, bis sie siruparttig ist. In die Fruchtsaftmischung einrühren und unter gelegentlichem Rühren abkühlen lassen. Hüttenkäse und Sahne unterrühren. Das Eiweiß steif schlagen und dann den restlichen Zucker unterheben. Die Käsekuchenmasse unterheben und in die Kuchenform füllen. Kühl bis fest. Umdrehen und mit losen Krümeln bestreuen. Mit Orangenscheiben garniert servieren.

Paschka

Ergibt einen 23 cm/9 Zoll großen Kuchen

450 g Frischkäse

100 g/4 oz/½ Tasse Butter oder Margarine, aufgeweicht

150 g/5 oz/2/3 Tasse (superfeiner) Streuzucker

150 ml/¼ pt/2/3 Tasse saure (Milch-saure) Sahne

175 g/6 oz/1 Tasse Sultaninen (goldene Rosinen)

50 g glacé (kandierte) Kirschen

100 g / 4 oz / 1 Tasse Mandeln

50 g/2 oz/1/3 Tasse gehackte gemischte (kandierte) Schale

Käse, Butter oder Margarine, Zucker und Sauerrahm gut verrühren. Die restlichen Zutaten unterrühren. In eine Savarinform füllen, abdecken und über Nacht abkühlen lassen. Tauchen Sie die Form einige Sekunden lang in einen Topf mit heißem Wasser, fahren Sie mit einem Messer um den Rand der Form und stürzen Sie den Käsekuchen auf einen Teller. Vor dem Servieren abkühlen.

Leichter Ananas-Käsekuchen

Ergibt einen 25 cm/10 Zoll großen Kuchen

225 g/1 Tasse Butter oder Margarine

225 g / 8 oz / 2 Tassen Digestive Kekse (Graham Cracker) Krümel

450 g Hüttenkäse

1 Ei, geschlagen

5 ml/1 TL Mandelessenz (Extrakt)

15 ml/1 EL (feinster) Streuzucker

25 g/1 oz/¼ Tasse gemahlene Mandeln

100 g Ananas aus der Dose, gehackt

Die Hälfte der Butter oder Margarine schmelzen und die Kekskrümel unterrühren. Auf den Boden einer 25cm/10cm Tarteform drücken und abkühlen lassen. Restliche Butter oder Margarine mit Quark, Ei, Mandelessenz, Zucker und gemahlenen Mandeln cremig aufschlagen. Ananas unterrühren. Auf dem Keksboden verteilen und 2 Stunden abkühlen lassen.

Ananas-Käsekuchen

Ergibt einen 20 cm/8 Zoll großen Kuchen

75 g/3 oz/1/3 Tasse Butter oder Margarine, geschmolzen

175 g/6 oz/1½ Tassen Digestive Kekse (Graham Cracker) Krümel

15 g/½ oz/1 EL Gelatinepulver

425 g/15 oz/1 große Dose Ananas in Natursaft, abgetropft und Saft zurückbehalten

3 Eier, getrennt

75 g/3 oz/1/3 Tasse Streuzucker (superfeiner) Zucker

150 ml/¼ pt/2/3 Tasse einfache (leichte) Sahne

150 ml/¼ pt/2/3 Tasse doppelte (schwere) Sahne

225 g/8 oz/2 Tassen Cheddar-Käse, gerieben

150 ml/¼ pt/2/3 Tasse Milch

150 ml/¼ pt/2/3 Tasse Schlagsahne

Butter oder Margarine mit den Kekskrümeln mischen und auf den Boden eines 20 cm/8 Zoll breiten losen Tortenrings drücken. Kühl bis fest.
Die Gelatine über 30 ml/2 Esslöffel des beiseite gestellten Ananassafts in einer Schüssel streuen und schaumig werden lassen. Etwas von der Ananas für die Dekoration zurückbehalten, den Rest fein hacken und auf dem Biskuitboden verteilen. Stellen Sie die Schüssel in einen Topf mit heißem Wasser und lassen Sie sie dort, bis sie sich aufgelöst hat. Eigelb, Zucker und 150 ml/¼ pt/2/3 Tasse des beiseite gestellten Ananassafts in einer hitzebeständigen Schüssel auf einem Topf mit leicht siedendem Wasser verquirlen, bis die Masse dickflüssig ist und sich in Streifen vom Schneebesen löst. Vom Herd nehmen. Halbrahm und Doppelrahm steif schlagen, Käse und Milch unterrühren, dann mit der Gelatine unter die Eiermasse heben. Abkühlen lassen. Das

Eiweiß steif schlagen und vorsichtig unter die Masse heben. Über die Ananas geben und abkühlen lassen, bis sie fest ist.

Schlagsahne schlagen und Rosetten rund um die Torte spritzen und mit der zurückbehaltenen Ananas dekorieren.

Rosinen-Käsekuchen

Serviert 8

Für die Basis:

100 g/4 oz/½ Tasse Butter oder Margarine

40 g/1½ oz/2 EL klarer Honig

50 g Demerara-Zucker

225 g/8 oz/2 Tassen Haferflocken

Für die Füllung:

225 g/8 oz/1 Tasse Hüttenkäse

150 ml/¼ Pt/2/3 Tasse Joghurt

150 ml/¼ pt/2/3 Tasse saure (Milch-saure) Sahne

50 g Rosinen

15 g/½ oz/1 EL Gelatinepulver

60 ml/4 Esslöffel kochendes Wasser

Butter oder Margarine schmelzen und Honig, Zucker und Haferflocken unterrühren. In den Boden einer gefetteten 20 cm/8 Zoll Kuchenform (Dose) drücken.

Für die Füllung den Quark in eine Schüssel abseihen und mit Joghurt und Sauerrahm verrühren. Rosinen unterrühren. Die Gelatine über das heiße Wasser streuen und ruhen lassen, bis sie sich aufgelöst hat. Über einer Schüssel mit heißem Wasser erhitzen, bis sie transparent ist, dann in die Mischung einrühren und vorsichtig umrühren, bis sie fest wird. Auf den vorbereiteten Boden geben und fest werden lassen.

Himbeerkäsekuchen

Ergibt einen 15 cm/6 Zoll großen Kuchen

75 g/3 oz/1/3 Tasse Butter oder Margarine, geschmolzen

175 g/6 oz/1½ Tassen Digestive Kekse (Graham Cracker) Krümel

3 Eier, getrennt

300 ml/½ Pt/1¼ Tassen Milch

25 g/1 oz/2 Esslöffel (superfeiner) Streuzucker

15 g/½ oz/1 EL Gelatine

30 ml/2 EL kaltes Wasser

225 g/8 oz/1 Tasse Frischkäse, leicht geschlagen

Abgeriebene Schale und Saft einer ½ Zitrone

450 g/kg Himbeeren

Mischen Sie die Butter oder Margarine und die Kekse zusammen und drücken Sie sie auf den Boden einer 6"/6" Kuchenform (Form) mit losem Boden. Kühlen Sie ab, während Sie die Füllung machen.

Die Eigelbe aufschlagen, mit der Milch in einen Topf geben und unter ständigem Rühren leicht erhitzen, bis die Creme andickt. Vom Herd nehmen und Zucker einrühren. Die Gelatine über das heiße Wasser streuen und ruhen lassen, bis sie sich aufgelöst hat. Über einer Schüssel mit heißem Wasser glasig erhitzen, dann den Käse mit Vanillesoße, Zitronenschale und -saft unterrühren. Eiweiß steif schlagen, unter die Masse heben und auf dem Boden verteilen. Cool zu setzen. Kurz vor dem Servieren mit den Himbeeren garnieren.

Sizilianischer Käsekuchen

Ergibt einen 25 cm/10 Zoll großen Kuchen

900 g Ricotta-Käse

100 g Puderzucker (Puderzucker).

5 ml/1 TL abgeriebene Orangenschale

100 g / 1 Tasse dunkle (halbbittere) Schokolade, gerieben

275 g/10 Unzen gehackte gemischte Früchte

275 g/10 oz Kekse (Kekse) oder Biskuit, in Scheiben geschnitten

175 ml/6 fl oz/¾ Tasse Rum

Ricotta mit der Hälfte des Zuckers und der Orangenschale schaumig schlagen. 15 ml/1 EL Schokolade und Früchte für die Dekoration zurückbehalten und den Rest unter die Masse heben. Eine 25 cm/10 Kuchenform (Blech) mit Frischhaltefolie (Plastikfolie) auslegen. Tauchen Sie die Kekse oder den Schwamm in den Rum, um sie zu befeuchten, und verwenden Sie die meisten davon, um den Boden und die Seiten der Form auszukleiden. Die Käsemischung darin verteilen. Die restlichen Kekse in den Rum tunken und die Käsemasse damit bedecken. Mit Frischhaltefolie (Plastikfolie) abdecken und andrücken. 1 Stunde kühl stellen, bis sie fest ist. Mit der Frischhaltefolie umdrehen, mit dem restlichen Puderzucker bestäuben und mit der zurückbehaltenen Schokolade und den Früchten dekorieren.

Glasierter Joghurt-Käsekuchen

Ergibt einen 23 cm/9 Zoll großen Kuchen

Für die Basis:

2 Eier

75 g/3 oz/¼ Tasse klarer Honig

100 g / 4 oz / 1 Tasse Vollkorn (Vollkorn) Mehl

10 ml/2 TL Backpulver

Ein paar Tropfen Vanilleessenz (Extrakt)

Für die Füllung:

25 g/1 oz/2 EL Gelatinepulver

30 ml/2 EL (feinster) Streuzucker

75 ml/5 EL Wasser

225 g/8 oz/1 Tasse Joghurt

225 g / 8 oz / 1 Tasse weicher Frischkäse

75 g/3 oz/¼ Tasse klarer Honig

250 ml/8 fl oz/1 Tasse Schlagsahne

Für den Belag:

100 g Himbeeren

45 ml/3 EL Marmelade (eingemacht)

15 ml/1 EL Wasser

Für den Boden Eier und Honig schaumig schlagen. Mehl, Backpulver und Vanilleessenz nach und nach zu einem glatten Teig verarbeiten. Auf einer leicht bemehlten Fläche ausrollen und auf den Boden einer gefetteten 23 cm/9 Zoll Kuchenform mit losem Boden legen. Im vorgeheizten Backofen bei 200°C/400°F/Gas Stufe 6 20 Minuten backen. Aus dem Ofen nehmen und abkühlen lassen.

Für die Füllung die Gelatine und den Zucker in einer kleinen Schüssel im Wasser auflösen und die Mischung in einen Topf mit heißem Wasser geben, damit sie glasig wird. Aus dem Wasser nehmen und etwas abkühlen lassen. Joghurt, Frischkäse und Honig verquirlen, bis alles gut vermischt ist. Sahne steif schlagen. Die Sahne unter die Joghurtmasse heben und dann die Gelatine unterheben. Auf den Boden geben und fest werden lassen.

Die Himbeeren in einem schönen Muster darauf anrichten. Die Marmelade mit dem Wasser schmelzen und durch ein Sieb (Sieb) drücken. Die Oberseite des Käsekuchens damit bestreichen und vor dem Servieren abkühlen lassen.

Erdbeer-Käsekuchen

Ergibt einen 20 cm/8 Zoll großen Kuchen

100 g / 4 oz / 1 Tasse Digestive Kekse (Graham Cracker) Krümel

25 g/1 oz/2 Esslöffel Demerara-Zucker

50 g/2 oz/¼ Tasse Butter oder Margarine, geschmolzen

15 ml/1 EL Gelatinepulver

45 ml/3 EL Wasser

350 g Hüttenkäse

50 g/2 oz/¼ Tasse Streuzucker (superfeiner) Zucker

Abgeriebene Schale und Saft von 1 Zitrone

2 Eier, getrennt

300 ml/½ Pt/1¼ Tassen einzelne (leichte) Sahne

100 g Erdbeeren, in Scheiben geschnitten

120 ml/4 fl oz/½ Tasse doppelte (schwere) Sahne, Schlagsahne

Kekskrümel, Demerara-Zucker und Butter oder Margarine mischen und auf den Boden einer 20 cm/8 Zoll großen Tortenform (Pfanne) mit losem Boden drücken. Kühl bis fest.

Die Gelatine über das Wasser streuen und schwammig werden lassen. Stellen Sie die Schüssel in einen Topf mit heißem Wasser und lassen Sie sie durchsichtig werden. Käse, Puderzucker, Zitronenschale und -saft, Eigelb und Schlagsahne verrühren. Gelatine unterschlagen. Das Eiweiß steif schlagen und unter die Käsemasse heben. Auf den Boden geben und abkühlen lassen, bis es fest ist.

Die Erdbeeren auf dem Käsekuchen verteilen und die Sahne zum Dekorieren um den Rand spritzen.

Käsekuchen mit Sultaninen und Brandy

Ergibt einen 20 cm/8 Zoll großen Kuchen

100 g Sultaninen (goldene Rosinen)

45 ml/3 EL Cognac

100 g/4 oz/½ Tasse Butter oder Margarine, aufgeweicht

100 g/4 oz/½ Tasse weicher brauner Zucker

75 g/3 oz/¾ Tasse einfaches Mehl (Allzweck)

75 g/3 oz/¾ Tasse gemahlene Mandeln

2 Eier, getrennt

225 g/8 oz/1 Tasse Frischkäse

100 g Hüttenkäse (weicher Hüttenkäse)

Ein paar Tropfen Vanilleessenz (Extrakt)

150 ml/¼ pt/2/3 Tasse doppelte (schwere) Sahne

Die Sultaninen mit dem Brandy in eine Schüssel geben und einweichen, bis sie dickflüssig sind. Butter oder Margarine und 50 g Zucker schaumig schlagen. Mehl und gemahlene Mandeln untermischen und zu einem Teig verkneten. In eine gefettete 20 cm/8 Zoll Kuchenform mit losem Boden drücken und im vorgeheizten Ofen bei 180 °C/350 °F/Gas Stufe 4 12 Minuten lang backen, bis sie gebräunt sind. Abkühlen lassen.

Eigelb mit der Hälfte des restlichen Zuckers schaumig schlagen. Käse, Vanilleessenz, Sultaninen und Brandy unterrühren. Schlagsahne steif schlagen und dann unter die Masse heben. Eiweiß steif schlagen, restlichen Zucker unterschlagen und nochmals steif und glänzend schlagen. Die Käsemischung unterheben. Auf den gekochten Boden geben und mehrere Stunden im Kühlschrank ruhen lassen, bis er ausgehärtet ist.

Gebackener Käsekuchen

Ergibt einen 20 cm/8 Zoll großen Kuchen

50 g/2 oz/¼ Tasse Butter oder Margarine, geschmolzen

225 g / 8 oz / 2 Tassen Digestive Kekse (Graham Cracker) Krümel

225 g/8 oz/1 Tasse Hüttenkäse

100 g/4 oz/½ Tasse (superfeiner) Zucker

3 Eier, getrennt

25 g/1 oz/¼ Tasse Speisestärke (Maismehl)

2,5 ml/½ TL Vanilleessenz (Extrakt)

400 ml/14 fl oz/1¾ Tassen saure (Milch-saure) Sahne

Butter oder Margarine und Kekskrümel mischen und auf den Boden eines gefetteten 20 cm/8 losen Bodens (Pfanne) drücken. Alle anderen Zutaten außer dem Eiweiß miteinander verrühren. Eiweiß steif schlagen, unter die Masse heben und über den Biskuitboden löffeln. Im vorgeheizten Ofen bei 150°C/300°F/Gas Stufe 3 1½ Stunden backen. Den Ofen ausschalten und die Tür etwas öffnen. Den Käsekuchen im Ofen auskühlen lassen.

Gebackene Käsekuchenriegel

Macht 16

75 g/3 oz/1/3 Tasse Butter oder Margarine

100 g / 4 oz / 1 Tasse einfaches Mehl (Allzweck)

75 g/3 oz/1/3 Tasse weicher brauner Zucker

50 g/2 oz/½ Tasse gehackte Pekannüsse

225 g/8 oz/1 Tasse Frischkäse

50 g/2 oz/¼ Tasse Streuzucker (superfeiner) Zucker

1 Ei

30 ml/2 EL Milch

5 ml/1 TL Zitronensaft

2,5 ml/½ TL Vanilleessenz (Extrakt)

Reiben Sie die Butter oder Margarine in das Mehl, bis die Mischung Paniermehl ähnelt. Braunen Zucker und Nüsse unterrühren. Drücken Sie alles bis auf 100 g/4 oz/1 Tasse der Mischung in eine gefettete 20 cm/8 Zoll Kuchenform (Dose). Im vorgeheizten Ofen bei 180°C/350°F/Gas Stufe 4 15 Minuten backen, bis sie leicht gebräunt sind.

Frischkäse und Puderzucker glatt rühren. Ei, Milch, Zitronensaft und Vanilleessenz unterschlagen. Die Masse auf dem Kuchen in der Form verteilen und mit der beiseite gestellten Butter-Nuss-Mischung bestreuen. Weitere 30 Minuten backen, bis sie fest und oben leicht golden sind. Abkühlen lassen, abkühlen lassen und kalt servieren.

Amerikanischer Käsekuchen

Ergibt einen 23 cm/9 Zoll großen Kuchen

175 g/6 oz/1½ Tassen Digestive Kekse (Graham Cracker) Krümel

15 ml/1 EL (feinster) Streuzucker

50 g/2 oz/¼ Tasse Butter oder Margarine, geschmolzen

Für die Füllung:

450 g Frischkäse

450 g Hüttenkäse

250 g/9 oz/großzügig 1 Tasse (superfeiner) Zucker

10 ml/2 TL Vanilleessenz (Extrakt)

5 Eier, getrennt

400 ml/14 fl oz/1 große Dose Kondensmilch

120 ml/4 fl oz/½ Tasse doppelte (schwere) Sahne

30 ml/2 EL Mehl (Allzweck)

Eine Prise Salz

15 ml/1 EL Zitronensaft

Kekskrümel und Zucker in die geschmolzene Butter mischen und auf den Boden einer 23 cm/9 Zoll Kuchenform mit losem Boden drücken.

Für die Füllung die Käsesorten mischen und Zucker und Vanilleessenz unterrühren. Eigelb unterrühren, dann Kondensmilch, Sahne, Mehl, Salz und Zitronensaft. Das Eiweiß steif schlagen und dann vorsichtig unter die Masse heben. In die Kuchenform geben und im vorgeheizten Backofen bei 180°C/350°F/Gas Stufe 4 45 Minuten backen. Langsam abkühlen lassen und vor dem Servieren abkühlen lassen.

Gebackener holländischer Apfelkäsekuchen

Ergibt einen 20 cm/8 Zoll großen Kuchen

100 g/4 oz/½ Tasse Butter oder Margarine

175 g/6 oz/1½ Tassen Digestive Kekse (Graham Cracker) Krümel

2 Tafeläpfel, geschält, entkernt und in Scheiben geschnitten

100 g Sultaninen (goldene Rosinen)

225 g/2 Tassen Gouda-Käse, gerieben

25 g/1 oz/¼ Tasse einfaches Mehl (Allzweck)

75 ml/5 EL einfache (helle) Sahne

2,5 ml/½ TL gemahlene Gewürzmischung (Apfelkuchen).

Abgeriebene Schale und Saft von 1 Zitrone

3 Eier, getrennt

100 g/4 oz/¾ Tasse (superfeiner) Zucker

2 Äpfel mit roter Schale, entkernt und in Scheiben geschnitten

30 ml/2 EL Marillenmarmelade (eingemacht), passiert (abgetropft)

Die Hälfte der Butter oder Margarine schmelzen und die Kekskrümel unterrühren. Drücken Sie die Mischung auf den Boden einer 20 cm/8 Zoll Kuchenform mit losem Boden (Dose). Die restliche Butter schmelzen und die Speiseäpfel braten (sautieren), bis sie weich und goldbraun sind. Überschüssiges Fett abtropfen lassen, etwas abkühlen, auf dem Biskuitboden verteilen und mit den Rosinen bestreuen.

Käse, Mehl, Sahne, Gewürzmischung und Zitronensaft und -schale mischen. Eigelb und Zucker mischen und unter die Käsemischung rühren, bis alles gut vermischt ist. Das Eiweiß steif schlagen und dann unter die Masse heben. In die vorbereitete Form füllen und im vorgeheizten Backofen bei 180°C/350°F/Gas Stufe 4 40 Minuten backen, bis sie in der Mitte fest sind. In der Form abkühlen lassen.

Die Apfelspalten rund um die Torte arrangieren. Die Marmelade erhitzen und die Äpfel damit glasieren.

Gebackener Aprikosen- und Haselnuss-Käsekuchen

Ergibt einen 18 cm/7 Zoll großen Kuchen

75 g/3 oz/1/3 Tasse Butter oder Margarine

100 g / 4 oz / 1 Tasse einfaches Mehl (Allzweck)

100 g/4 oz/½ Tasse (superfeiner) Zucker

25 g/1 oz/¼ Tasse gemahlene Haselnüsse

30 ml/2 EL kaltes Wasser

100 g/4 oz/2/3 Tasse verzehrfertige getrocknete Aprikosen, gehackt

Abgeriebene Schale und Saft von 1 Zitrone

100 g Hüttenkäse (weicher Hüttenkäse)

100 g Frischkäse

25 g/1 oz/¼ Tasse Speisestärke (Maismehl)

2 Eier, getrennt

15 ml/1 EL Puderzucker (Konditoren)

Reiben Sie die Butter oder Margarine in das Mehl, bis die Mischung Paniermehl ähnelt. Die Hälfte des Zuckers und die Haselnüsse unterrühren, dann so viel Wasser hinzufügen, dass ein fester Teig (Paste) entsteht. Ausrollen und einen gefetteten Tortenring von 18 cm/7 mit lockerem Boden auslegen. Aprikosen auf dem Boden verteilen. Zitronenschale und -saft und Käse in einer Küchenmaschine oder einem Mixer pürieren. Restlichen Zucker, Speisestärke und Eigelb glatt und cremig rühren. Das Eiweiß steif schlagen, unter die Masse heben und auf der Torte verteilen. Im vorgeheizten Backofen bei 180°C/350°F/Gas Stufe 4 30 Minuten backen, bis sie gut aufgegangen und goldbraun sind. Etwas abkühlen lassen, den Puderzucker darübersieben und heiß oder kalt servieren.

Käsekuchen mit Aprikosen und Orangen

Serviert 8

Für den Teig (Nudeln):

75 g/3 oz/1/3 Tasse Butter oder Margarine

175 g/6 oz/1½ Tassen Mehl (Allzweck)

Eine Prise Salz

30 ml/2 EL Wasser

Für die Füllung:

225 g Quark (weicher Hüttenkäse)

75 ml/5 EL Milch

2 Eier, getrennt

30 ml/2 EL klarer Honig

3 Tropfen Orangenessenz (Extrakt)

Abgeriebene Schale von 1 Orange

25 g/1 oz/¼ Tasse einfaches Mehl (Allzweck)

75 g Aprikosenhälften, gehackt

Reiben Sie die Butter oder Margarine in das Mehl und Salz, bis die Mischung Paniermehl ähnelt. Nach und nach so viel Wasser einrühren, bis ein weicher Teig entsteht. Auf einer leicht bemehlten Fläche ausrollen und einen gefetteten 20 cm/8 Zoll Tortenring verwenden. Mit Backpapier und Backbohnen auslegen und im vorgeheizten Ofen bei 200°C/400°F/Gas Stufe 6 10 Minuten blind backen, dann Papier und Bohnen entfernen, Backofentemperatur auf 190°C/375°F/Gas Stufe reduzieren 5 und backen Sie die Form (Kuchenform) weitere 5 Minuten.

In der Zwischenzeit Käse, Milch, Eigelb, Honig, Orangenessenz, Orangenschale und Mehl glatt rühren. Schlagen Sie das Eiweiß, bis es weiche Spitzen bildet, und heben Sie es dann unter die Mischung. In die Form geben und die Aprikosen darüber streuen. Im vorgeheizten Ofen 20 Minuten backen, bis sie fest sind.

Aprikosen- und Ricotta-Käsekuchen im Ofen

Ergibt einen 23 cm/9 Zoll großen Kuchen

100 g/4 oz/½ Tasse Butter oder Margarine

225 g / 8 oz / 2 Tassen Digestive Kekse (Graham Cracker) Krümel

75 g/3 oz/1/3 Tasse Streuzucker (superfeiner) Zucker

5 ml/1 TL gemahlener Zimt

900 g Ricotta-Käse

30 ml/2 EL Mehl (Allzweck)

2,5 ml/½ TL Vanilleessenz (Extrakt)

Abgeriebene Schale von 1 Zitrone

3 Eigelb

350 g/12 oz Aprikosen, entkernt (entkernt) und halbiert

50 g/2 oz/½ Tasse gesplitterte (gesplitterte) Mandeln

Die Butter schmelzen und die Kekskrümel, 30 ml/2 EL Zucker und den Zimt unterrühren. Drücken Sie die Mischung in eine gefettete 23 cm/9 Zoll Kuchenform mit losem Boden (Dose). Den Ricotta-Käse mit dem restlichen Zucker, dem Mehl, dem Vanillearoma und der Zitronenschale 2 Minuten schlagen. Die Eigelbe nach und nach unterschlagen, bis die Masse glatt ist. Die Hälfte der Füllung auf den Keksboden geben. Die Aprikosen auf der Füllung verteilen, mit Mandeln bestreuen und die restliche Füllung darüber löffeln. Im vorgeheizten Backofen bei 180°C/350°F/Gas Stufe 4 15 Minuten backen, bis sie sich fest anfühlt. Abkühlen lassen und dann abkühlen.

Boston-Käsekuchen

Ergibt einen 23 cm/9 Zoll großen Kuchen

225 g / 8 oz / 2 Tassen einfache Keksbrösel

50 g/2 oz/¼ Tasse Streuzucker (superfeiner) Zucker

2,5 ml/½ TL gemahlener Zimt

Eine Prise geriebene Muskatnuss

75 g/3 oz/1/3 Tasse Butter oder Margarine, geschmolzen

Für die Füllung:

4 Eier, getrennt

225 g/8 oz/1 Tasse (superfeiner) Zucker

250 ml/8 fl oz/1 Tasse saure (Milch-saure) Sahne

5 ml/1 TL Vanilleessenz (Extrakt)

30 ml/2 EL Mehl (Allzweck)

Eine Prise Salz

450 g Frischkäse

Kekskrümel, Zucker, Zimt und Muskatnuss in die geschmolzene Butter mischen, dann auf den Boden und die Seiten einer 23 cm/9 Zoll großen Tortenform (Pfanne) mit losem Boden drücken. Eigelbe dick und cremig schlagen. Eiweiß steif schlagen, 50 g Zucker unterheben und weiterschlagen, bis es steif und glänzend ist. Sauerrahm und Vanilleessenz unter die Eigelbe rühren und den restlichen Zucker, Mehl und Salz unterrühren. Den Käse vorsichtig unterrühren und dann das Eiweiß unterheben. Auf den Boden geben und im vorgeheizten Backofen bei 160°C/325°F/Gas Stufe 3 1 Stunde backen, bis sie sich gerade noch fest anfühlt. Abkühlen lassen und vor dem Servieren abkühlen lassen.

Gebackener karibischer Käsekuchen

Ergibt einen 23 cm/9 Zoll großen Kuchen

Für die Basis:

100 g / 4 oz / 1 Tasse einfaches Mehl (Allzweck)

25 g/1 oz/¼ Tasse gemahlene Mandeln

25 g/1 oz/2 Esslöffel weicher brauner Zucker

50 g/2 oz/¼ Tasse Butter oder Margarine, geschmolzen und abgekühlt

1 Ei

15 ml/1 EL Milch

Für die Füllung:

75 g/3 oz/½ Tasse Rosinen

15–30 ml/1–2 EL Rum (nach Geschmack)

225 g Quark (weicher Hüttenkäse)

50 g Butter oder Margarine

25 g/1 oz/¼ Tasse gemahlene Mandeln

50 g/2 oz/¼ Tasse Streuzucker (superfeiner) Zucker

2 Eier

Für den Boden Mehl, Mandeln und braunen Zucker mischen. Butter oder Margarine, Ei und Milch einarbeiten und zu einem weichen Teig verkneten. Ausrollen und den Boden einer gefetteten Kuchenform (23 cm/9) formen, mit einer Gabel überall einstechen und im vorgeheizten Ofen bei 190°C/375°F/Gas Stufe 5 10 Minuten backen, bis sie leicht goldbraun sind.

Für die Füllung die Rosinen im Rum einweichen, bis sie dickflüssig sind. Käse, Butter, gemahlene Mandeln und braunen Zucker mischen. Eier unterrühren, Rosinen und Rum nach Geschmack unterheben. Auf den Boden löffeln und im vorgeheizten Ofen 10 Minuten backen, bis sie goldbraun sind und sich nur noch fest anfühlen.

Gebackener Schokoladen-Käsekuchen

Ergibt einen 23 cm/9 Zoll großen Kuchen

Für die Basis:

100 g / 1 Tasse Ingwerkekse (Kekse) Krümel

15 ml/1 EL Zucker

50 g/2 oz/¼ Tasse Butter, geschmolzen

Für die Füllung:

175 g/6 oz/1½ Tassen dunkle (halbsüße) Schokolade

225 g/8 oz/1 Tasse (superfeiner) Zucker

30 ml/2 EL Kakaopulver (ungesüßte Schokolade)

450 g Frischkäse

120 ml/4 fl oz/½ Tasse saure (Milch-)Sahne

5 ml/1 TL Vanilleessenz (Extrakt)

4 Eier, leicht geschlagen

Für den Boden die Kekse und den Zucker in die geschmolzene Butter mischen und auf den Boden einer gefetteten 23 cm/9 Zoll Kuchenform mit losem Boden drücken. Für die Füllung die Schokolade mit der Hälfte des Zuckers und dem Kakao in einer hitzebeständigen Schüssel über einem Topf mit leicht siedendem Wasser schmelzen. Vom Herd nehmen und etwas abkühlen lassen. Den Käse hell schlagen, dann nach und nach den restlichen Zucker, Sauerrahm und Vanilleessenz untermischen. Eier nach und nach unterschlagen, dann die Schokoladenmischung unterrühren und über den vorbereiteten Boden löffeln. Im vorgeheizten Backofen bei 180°C/350°F/Gas Stufe 4 40 Minuten backen, bis sie sich fest anfühlt.

Schokoladen-Nuss-Käsekuchen

Ergibt einen 23 cm/9 Zoll großen Kuchen

Für die Basis:

100 g / 4 oz / 1 Tasse Digestive Kekse (Graham Cracker) Krümel

100 g/4 oz/½ Tasse (superfeiner) Zucker

50 g/2 oz/¼ Tasse Butter, geschmolzen

Für die Füllung:

175 g/6 oz/1½ Tassen dunkle (halbsüße) Schokolade

50 g/2 oz/¼ Tasse Streuzucker (superfeiner) Zucker

30 ml/2 EL Kakaopulver (ungesüßte Schokolade)

450 g Frischkäse

25 g/1 oz/¼ Tasse gemahlene Mandeln

120 ml/4 fl oz/½ Tasse saure (Milch-)Sahne

5 ml/1 TL Mandelessenz (Extrakt)

4 Eier, leicht geschlagen

Für den Boden die Kekskrümel und 100 g Zucker mit der geschmolzenen Butter mischen und auf den Boden einer gefetteten 23 cm/9 Zoll Kuchenform mit losem Boden drücken. Für die Füllung die Schokolade mit Zucker und Kakao in einer hitzebeständigen Schüssel über einem leicht siedenden Wasserbad schmelzen. Vom Herd nehmen und etwas abkühlen lassen. Den Käse hell schlagen und dann nach und nach den restlichen Zucker, die gemahlenen Mandeln, den Sauerrahm und die Mandelessenz untermischen. Eier nach und nach unterschlagen, dann die Schokoladenmischung unterrühren und über den vorbereiteten Boden löffeln. Im vorgeheizten Backofen bei 180°C/350°F/Gas Stufe 4 40 Minuten backen, bis sie sich fest anfühlt.

Deutscher Käsekuchen

Ergibt einen 23 cm/9 Zoll großen Kuchen

für die Basis

25 g/2 EL Butter oder Margarine

225 g/8 oz/2 Tassen einfaches Mehl (Allzweck)

2,5 ml/½ TL Backpulver

50 g/2 oz/¼ Tasse Streuzucker (superfeiner) Zucker

1 Eigelb

15 ml/1 EL Milch

Für die Füllung:

900 g Hüttenkäse

225 g/8 oz/1 Tasse (superfeiner) Zucker

50 g/2 oz/¼ Tasse Butter oder Margarine, geschmolzen

250 ml/8 fl oz/1 Tasse doppelte (schwere) Sahne

5 ml/1 TL Vanilleessenz (Extrakt)

4 Eier, leicht geschlagen

175 g/6 oz/1 Tasse Sultaninen (goldene Rosinen)

15 ml/1 EL Speisestärke (Speisestärke)

Eine Prise Salz

Für den Boden Butter oder Margarine mit Mehl und Backpulver verreiben, Zucker einrühren und in die Mitte eine Mulde drücken. Eigelb und Milch unterrühren und zu einem ziemlich weichen Teig verkneten. In den Boden einer 23 cm quadratischen Kuchenform (Dose) drücken.

Für die Füllung die überschüssige Flüssigkeit aus dem Quark abgießen und Zucker, zerlassene Butter, Sahne und Vanilleessenz unterrühren. Eier unterrühren. Die Sultaninen in der Maisstärke und dem Salz wenden, bis sie bedeckt sind, dann unter die Mischung rühren. Auf den Boden geben und im vorgeheizten Backofen bei 230°C/450°F/Gas Stufe 8 10 Minuten backen. Die Ofentemperatur auf 190°C/375°F/Gas Stufe 5 reduzieren und weitere 1 Stunde backen, bis sie sich fest anfühlen. In der Form auskühlen lassen und dann kalt stellen.

Irischer Sahnelikör-Käsekuchen

Ergibt einen 23 cm/9 Zoll großen Kuchen

Für die Basis:

225 g / 8 oz / 2 Tassen Digestive Kekse (Graham Cracker) Krümel

50 g/2 oz/½ Tasse gemahlene Mandeln

100 g/4 oz/½ Tasse (superfeiner) Zucker

100 g/4 oz/½ Tasse Butter oder Margarine, geschmolzen

Für die Füllung:

900 g Frischkäse

225 g/8 oz/1 Tasse (superfeiner) Zucker

5 ml/1 TL Vanilleessenz (Extrakt)

175 ml/6 fl oz/¾ Tasse Irish Cream Liqueur

3 Eier

Für den Belag:

250 ml/8 fl oz/1 Tasse saure (Milch-saure) Sahne

60 ml / 4 Esslöffel Irish Cream Likör

50 g/2 oz/¼ Tasse Streuzucker (superfeiner) Zucker

Für den Boden Keksbrösel, Mandeln und Zucker mit der geschmolzenen Butter oder Margarine mischen und auf den Boden und die Seiten einer 23 cm/9 Springform drücken. Aushängen.

Für die Füllung Frischkäse und Zucker glatt rühren. Vanilleessenz und Likör untermischen. Die Eier nach und nach untermischen. Auf den Boden geben und im vorgeheizten Backofen bei 180°C/350°F/Gas Stufe 4 40 Minuten backen.

Für den Belag Sahne, Likör und Zucker schaumig schlagen. Auf den Käsekuchen geben und gleichmäßig verteilen. Den Käsekuchen für weitere 5 Minuten in den Ofen stellen. Abkühlen lassen und vor dem Servieren abkühlen lassen.

Amerikanischer Zitronen-Nuss-Käsekuchen

Ergibt einen 20 cm/8 Zoll großen Kuchen

Für die Basis:

225 g / 8 oz / 2 Tassen Digestive Kekse (Graham Cracker) Krümel

25 g/1 oz/2 Esslöffel (superfeiner) Streuzucker

5 ml/1 TL gemahlener Zimt

50 g/2 oz/¼ Tasse Butter oder Margarine, geschmolzen

Für die Füllung:

2 Eier, getrennt

100 g/4 oz/½ Tasse Puderzucker

350 g/12 oz/1½ Tassen vollfetter Weichkäse

Abgeriebene Schale und Saft von 1 Zitrone

150 ml/¼ pt/2/3 Tasse doppelte (schwere) Sahne

25 g/1 oz/¼ Tasse gehackte gemischte Nüsse

Für den Boden Brösel, Zucker und Zimt in die Butter oder Margarine rühren. Drücken Sie auf den Boden und die Seiten einer 20 cm/8 losen Backform (Pfanne) mit losem Boden. Aushängen.
Für die Füllung Eigelb und Zucker zu einem dickflüssigen Teig schlagen. Käse, Zitronenschale und -saft unterheben. Schlagsahne steif schlagen und dann unter die Masse heben. Das Eiweiß steif schlagen und dann unter die Masse heben. Auf den Boden geben und im vorgeheizten Backofen bei 160°C/325°F/Gas Stufe 3 45 Minuten backen. Mit den Nüssen bestreuen und für weitere 20 Minuten in den Ofen stellen. Den Ofen ausschalten und den Käsekuchen im Ofen auskühlen lassen und vor dem Servieren abkühlen lassen.

Orangen-Käsekuchen

Ergibt einen 23 cm/9 Zoll großen Kuchen

Für die Basis:

100 g / 4 oz / 1 Tasse zerkleinerte Waffelkekse (Kekse)

2,5 ml/½ TL gemahlener Zimt

15 ml/1 EL Protein

Für die Füllung:

450 g Hüttenkäse

225 g/8 oz/1 Tasse Frischkäse

75 g/3 oz/1/3 Tasse Streuzucker (superfeiner) Zucker

15 ml/1 EL Mehl (Allzweck)

30 ml/2 EL Orangensaft

10 ml/2 TL abgeriebene Orangenschale

5 ml/1 TL Vanilleessenz (Extrakt)

1 große Orange, in Spalten geschnitten und von den Häuten befreit

100 g Erdbeeren, in Scheiben geschnitten

Für den Boden Krustenwaffeln und Zimt mischen. Das Eiweiß schaumig schlagen und dann unter die Brösel mischen. Drücken Sie die Mischung in den Boden einer 23 cm/9 losen Bodenform (Pfanne). Im vorgeheizten Backofen bei 180°C/350°F/Gas Stufe 4 10 Minuten backen. Aus dem Ofen nehmen und abkühlen lassen. Ofentemperatur auf 150°C/300°F/Gas Stufe 2 reduzieren.

Für die Füllung Käse, Zucker, Mehl, Orangensaft und -schale sowie Vanilleessenz glatt rühren. Auf den Boden geben und im voreingestellten Ofen 35 Minuten backen, bis er fest ist. Abkühlen lassen und abkühlen lassen, bis es fest ist. Mit den Orangen und Erdbeeren dekorieren.

Ricotta-Käsekuchen

Ergibt einen 23 cm/9 Zoll großen Kuchen

Für die Basis:

25 g/1 oz/2 Esslöffel (superfeiner) Streuzucker

5 ml/1 TL abgeriebene Zitronenschale

100 g / 4 oz / 1 Tasse einfaches Mehl (Allzweck)

Ein paar Tropfen Vanilleessenz (Extrakt)

1 Eigelb

25 g/2 EL Butter oder Margarine

Für den Belag:

750 g Ricotta-Käse

225 g/8 oz/1 Tasse (superfeiner) Zucker

120 ml/4 fl oz/½ Tasse doppelte (schwere) Sahne

45 ml/3 EL Mehl (Allzweck)

5 ml/1 TL Vanilleessenz (Extrakt)

5 Eier, getrennt

150 g Himbeeren oder Erdbeeren

Für den Boden Zucker, Zitronenschale und Mehl verquirlen, dann Vanilleessenz, Eigelb und Butter oder Margarine hinzufügen. Weiter schlagen, bis die Mischung einen Teig bildet. Die Hälfte des Teigs in eine gefettete Springform (23 cm/9) drücken und im vorgeheizten Ofen bei 200 °C/400 °F/Gas Stufe 6 8 Minuten backen.Ofentemperatur auf 180 °C/350 °F/Gas Stufe 4 reduzieren .Auskühlen lassen und die restliche Mischung um die Seiten der Form drücken.

Für das Topping den Ricotta cremig schlagen. Zucker, Sahne, Mehl, Vanillearoma und Eigelb unterrühren. Das Eiweiß steif schlagen und dann unter die Masse heben. Auf den Boden geben und im vorgeheizten Ofen 1 Stunde backen. In der Form abkühlen lassen und abkühlen lassen, bevor die Früchte zum Servieren angerichtet werden.

Käsekuchen mit gebratenem Käse und Sauerrahmschicht

Ergibt einen 23 cm/9 Zoll großen Kuchen

50 g/2 oz/¼ Tasse Butter oder Margarine, weich

50 g/2 oz/¼ Tasse Streuzucker (superfeiner) Zucker

1 Ei

350 g/12 Unzen/3 Tassen einfaches Mehl

Für die Füllung:

675 g Frischkäse

15 ml/1 EL Zitronensaft

5 ml/1 TL abgeriebene Zitronenschale

175 g/6 oz/¾ Tasse Streuzucker (superfeiner) Zucker

3 Eier

250 ml/8 fl oz/1 Tasse saure (Milch-saure) Sahne

5 ml/1 TL Vanilleessenz (Extrakt)

Für den Boden Butter oder Margarine und Zucker schaumig schlagen. Das Ei nach und nach unterschlagen und dann das Mehl unterheben, bis ein Teig (Paste) entsteht. Eine gefettete Kuchenform (23 cm/9 Zoll) ausrollen und auslegen und im vorgeheizten Ofen bei 220 °C/425 °F/Gas Stufe 7 5 Minuten lang backen.

Für die Füllung Frischkäse, Zitronensaft und -schale verrühren. 30 ml/2 Esslöffel Zucker zurückbehalten und den Rest unter den Käse mischen. Die Eier nach und nach dazugeben und die Mischung auf den Boden geben. Im vorgeheizten Backofen 10 Minuten backen, dann die Backofentemperatur auf 150°C/300°F/Gas Stufe 2 reduzieren und weitere 30 Minuten backen. Sauerrahm, beiseite gestellten Zucker und Vanilleessenz verrühren. Über den Kuchen geben und wieder in den Ofen geben und weitere 10 Minuten backen. Abkühlen lassen und vor dem Servieren abkühlen lassen.

Leicht gebackener Käsekuchen mit Sultaninen

Ergibt einen 18 cm/7 Zoll großen Kuchen

75 g/3 oz/1/3 Tasse Butter oder Margarine, geschmolzen

100 g/4 oz/1 Tasse Haferflocken

50 g/2 oz/1/3 Tasse Sultaninen (goldene Rosinen)

Für die Füllung:
50 g/2 oz/¼ Tasse Butter oder Margarine, weich

250 g/9 oz/großzügig 1 Tasse Hüttenkäse

2 Eier

25 g/1 oz/3 EL Sultaninen (goldene Rosinen)

25 g/1 oz/¼ Tasse gemahlene Mandeln

Saft und abgeriebene Schale von 1 Zitrone

45 ml/3 EL Joghurt

Butter oder Margarine, Haferflocken und Sultaninen mischen. Auf den Boden einer gefetteten Kuchenform (18 cm/7 cm) drücken und im vorgeheizten Ofen bei 180 °C/350 °F/Gas Stufe 4 10 Minuten backen. Die Zutaten für die Füllung verquirlen und auf den Boden geben. Weitere 45 Minuten backen. In der Form abkühlen lassen, bevor sie gewendet werden.

Leicht gebackener Vanille-Käsekuchen

Ergibt einen 23 cm/9 Zoll großen Kuchen

175 g/6 oz/1½ Tassen Digestive Kekse (Graham Cracker) Krümel

225 g/8 oz/1 Tasse (superfeiner) Zucker

5 Eiweiß

50 g/2 oz/¼ Tasse Butter oder Margarine, geschmolzen

225 g/8 oz/1 Tasse Frischkäse

225 g/8 oz/1 Tasse Hüttenkäse

120 ml/4 fl oz/½ Tasse Milch

30 ml/2 EL Mehl (Allzweck)

5 ml/1 TL Vanilleessenz (Extrakt)

Eine Prise Salz

Kekskrümel und 50 g/2 oz/¼ Tasse Zucker mischen. Ein Eiweiß leicht schlagen und in die Butter oder Margarine einrühren und mit der Kekskrümelmischung vermischen. In den Boden und die Seiten einer 23 cm/9 losen Bodenform (Pfanne) drücken und fest werden lassen.

Für die Füllung Frischkäse und Quark schaumig schlagen und den restlichen Zucker, Milch, Mehl, Vanillearoma und Salz unterrühren. Das restliche Eiweiß steif schlagen und unter die Masse heben. Auf den Boden löffeln und im vorgeheizten Backofen bei 180°C/350°F/Gas Stufe 4 1 Stunde backen, bis sie in der Mitte fest geworden sind. 30 Minuten in der Form abkühlen lassen, bevor sie zum Abkühlen auf ein Kuchengitter gelegt werden. Bis zum Servieren abkühlen lassen.

Gebackener Käsekuchen mit weißer Schokolade

Ergibt einen 18 cm/7 Zoll großen Kuchen

225 g / 8 oz / 2 Tassen dunkle (halbsüße) Schokoladen-Verdauungskekse (Graham Cracker) Krümel

50 g/2 oz/¼ Tasse Butter oder Margarine, geschmolzen

300 g/11 oz/2¾ Tassen weiße Schokolade

400 g Frischkäse

150 ml/¼ pt/2/3 Tasse saure (Milch-saure) Sahne

2 Eier, leicht geschlagen

5 ml/1 TL Vanilleessenz (Extrakt)

Rühren Sie die Kekskrümel in die Butter oder Margarine und drücken Sie sie auf den Boden einer 18 cm/7 Zoll Kuchenform mit losem Boden (Blechform). Die weiße Schokolade in einer hitzebeständigen Schüssel über einem Topf mit leicht siedendem Wasser schmelzen. Vom Herd nehmen und Frischkäse, Sahne, Eier und Vanilleessenz einrühren. Die Mischung auf dem Boden verteilen und die Oberseite nivellieren. Im vorgeheizten Backofen bei 160°C/325°F/Gas Stufe 3 1 Stunde backen, bis sie sich fest anfühlt. In der Form abkühlen lassen.

Käsekuchen mit weißer Schokolade und Haselnüssen

Ergibt einen 23 cm/9 Zoll großen Kuchen

225 g/8 oz Schokoladenwaffelkekse (Kekse)

100 g / 4 oz / 1 Tasse gemahlene Haselnüsse

30 ml/2 EL weicher brauner Zucker

5 ml/1 TL gemahlener Zimt

225 g/1 Tasse Butter oder Margarine

450 g weiße Schokolade

900 g Frischkäse

4 Eier

1 Eigelb

5 ml/1 TL Vanilleessenz (Extrakt)

Die Waffeln mahlen oder zerstoßen und mit der Hälfte der Haselnüsse, dem Zucker und dem Zimt mischen. 45 ml/3 Esslöffel der Mischung für das Topping beiseite stellen. 90 ml/6 EL Butter oder Margarine schmelzen und mit der restlichen Waffelmasse verrühren. Drücken Sie den Boden und die Seiten einer gefetteten 23 cm/9 losen Bodenform (Pfanne) und lassen Sie sie abkühlen, während Sie die Füllung zubereiten.

Die Schokolade in einer hitzebeständigen Schüssel über einem Topf mit leicht siedendem Wasser schmelzen. Vom Herd nehmen und etwas abkühlen lassen. Den Käse leicht und luftig schlagen. Eier und Eigelb nach und nach unterschlagen, dann restliche Butter und geschmolzene Schokolade unterschlagen. Vanilleessenz und restliche Haselnüsse unterrühren und glatt rühren. Die Füllung auf den Krümelboden geben. Im vorgeheizten Backofen bei 150°C/300°F/Gas Stufe 2 1¼ Stunden backen. Die Oberseite mit der zurückbehaltenen Waffel-Nuss-Mischung bestreuen und für weitere 15 Minuten in den Ofen stellen. Abkühlen lassen und vor dem Servieren abkühlen lassen.

Käsekuchen mit weißer Schokolade und Waffeln

Ergibt einen 23 cm/9 Zoll großen Kuchen

225 g/8 oz Schokoladenwaffelkekse (Kekse)

30 ml/2 EL (feinster) Streuzucker

5 ml/1 TL gemahlener Zimt

225 g/1 Tasse Butter oder Margarine

450 g weiße Schokolade

900 g Frischkäse

4 Eier

1 Eigelb

5 ml/1 TL Vanilleessenz (Extrakt)

Die Waffeln mahlen oder zerstoßen und mit dem Zucker und dem Zimt mischen. 45 ml/3 Esslöffel der Mischung für das Topping beiseite stellen. 90 ml/6 EL Butter oder Margarine schmelzen und mit der restlichen Waffelmasse verrühren. In den Boden und die Seiten einer gefetteten 23 cm/9 Zoll großen Flanform (Pfanne) mit losem Boden drücken und im Kühlschrank aufbewahren.

Für die Füllung die Schokolade in einer hitzebeständigen Schüssel über einem Topf mit leicht siedendem Wasser schmelzen. Vom Herd nehmen und etwas abkühlen lassen. Den Käse leicht und luftig schlagen. Eier und Eigelb nach und nach unterschlagen, dann restliche Butter und geschmolzene Schokolade unterschlagen. Vanilleessenz einrühren und glatt rühren. Die Füllung auf den Krümelboden geben. Im vorgeheizten Backofen bei 150°C/300°F/Gas Stufe 2 1¼ Stunden backen. Die Oberseite mit der zurückbehaltenen Waffelmischung bestreuen und für weitere

15 Minuten in den Ofen stellen. Abkühlen lassen und vor dem Servieren abkühlen lassen.

Sandteig

Mürbeteig (Grundteig) ist das vielseitigste Gebäck (Pasta) und kann für eine Vielzahl von Anwendungen verwendet werden, hauptsächlich für Pasteten und Torten. Es wird normalerweise bei 200°C/400°F/Gas Stufe 6 gebacken.

Ergibt 350 g/12 oz

225 g/8 oz/2 Tassen einfaches Mehl (Allzweck)

2,5 ml/½ TL Salz

50 g Schmalz (Backfett)

50 g Butter oder Margarine

30–45 ml/2–3 Esslöffel kaltes Wasser

Mehl und Salz in einer Schüssel mischen, dann Schmalz und Butter oder Margarine einreiben, bis die Mischung Paniermehl ähnelt. Das Wasser gleichmäßig über die Mischung träufeln und dann mit einem runden Messer verkneten, bis der Teig beginnt, große Klumpen zu bilden. Mit den Fingern leicht andrücken, bis der Teig eine Kugel bildet. Auf einer leicht bemehlten Fläche glatt, aber nicht zu fest ausrollen. In Frischhaltefolie (Plastikfolie) wickeln und vor Gebrauch 30 Minuten abkühlen lassen.

Mürbeteig mit Öl

Ähnlich wie Mürbeteig (Basistortenboden), ist dieser krümeliger und sollte sofort nach der Herstellung verwendet werden. Es wird normalerweise bei 200°C/400°F/Gas Stufe 6 gebacken.

Ergibt 350 g/12 oz

75 ml/5 EL Öl

65ml/2½ fl oz/4½ EL kaltes Wasser

225 g/8 oz/2 Tassen einfaches Mehl (Allzweck)

Eine Prise Salz

Öl und Wasser in einer Schüssel verquirlen, bis alles vermischt ist. Mehl und Salz nach und nach zugeben und mit einem Rundmesser zu einem Teig verkneten. Auf eine leicht bemehlte Oberfläche stürzen und vorsichtig kneten, bis sie glatt sind. In Frischhaltefolie (Plastikfolie) wickeln und vor Gebrauch 30 Minuten abkühlen lassen.

Reichhaltiger Mürbeteig

Dies wird für süße Torten und Flans verwendet, da es reichhaltiger ist als normaler Mürbeteig (Basistortenboden). Es wird normalerweise bei 200°C/400°F/Gas Stufe 6 gebacken.

Ergibt 350 g/12 oz

150 g Mehl (Allzweckmehl)

Eine Prise Salz

75 g ungesalzene (süße) Butter oder Margarine

1 Eigelb

10 ml/2 TL (feinster) Streuzucker

45–60 ml/3–4 Esslöffel kaltes Wasser

Mehl und Salz in einer Schüssel mischen und mit Butter oder Margarine verreiben, bis die Mischung Paniermehl ähnelt. Eigelb, Zucker und 10 ml/2 TL Wasser in einer kleinen Schüssel schlagen, dann mit einem runden Messer unter das Mehl heben und so viel zusätzliches Wasser hinzufügen, dass ein weicher Teig entsteht. Zu einer Kugel drücken, auf eine leicht bemehlte Oberfläche legen und sanft kneten, bis sie glatt ist. In Frischhaltefolie (Plastikfolie) wickeln und vor Gebrauch 30 Minuten abkühlen lassen.

Amerikanischer Shortbread-Teig

Ein klebriger Teig (Nudeln), der ein knusprigeres Finish ergibt, ideal für die Verwendung mit Obst. Es wird normalerweise bei 200°C/400°F/Gas Stufe 6 gebacken.

Ergibt 350 g/12 oz

175 g/6 oz/¾ Tasse Butter oder Margarine, aufgeweicht

225 g / 8 oz / 2 Tassen selbstaufgehendes (selbstaufgehendes) Mehl

2,5 ml/½ TL Salz

45 ml/3 EL kaltes Wasser

Butter oder Margarine schaumig schlagen. Mehl, Salz und Wasser nach und nach unterrühren und zu einem klebrigen Teig verkneten. Mit Frischhaltefolie (Plastikfolie) abdecken und 30 Minuten abkühlen lassen. Zwischen leicht bemehltem Backpapier ausrollen.

Käsegebäck

Ein Mürbeteig (Pasta) für herzhafte Torten oder Gebäck. Es wird normalerweise bei 200°C/400°F/Gas Stufe 6 gebacken.

Ergibt 350 g/12 oz

100 g / 4 oz / 1 Tasse einfaches Mehl (Allzweck)

Eine Prise Salz

Eine Prise Cayennepfeffer

50 g Butter oder Margarine

50 g/2 oz/½ Tasse Cheddar-Käse, gerieben

1 Eigelb

30 ml/2 EL kaltes Wasser

Mehl, Salz und Cayennepfeffer in einer Schüssel mischen und mit Butter oder Margarine verreiben, bis die Mischung Paniermehl ähnelt. Den Käse unterrühren und mit dem Eigelb und so viel Wasser zu einem festen Teig verrühren. Auf eine leicht bemehlte Oberfläche stürzen und vorsichtig kneten, bis alles vermischt ist. In Frischhaltefolie (Plastikfolie) wickeln und vor Gebrauch 30 Minuten abkühlen lassen.

Brandteig

Ein leichter Teig (Pasta), der sich beim Kochen auf das Dreifache seiner ungebackenen Größe ausdehnt. Ideal für Sahnetorten und Gebäck. Es wird normalerweise bei 200°C/400°F/Gas Stufe 6 gebacken.

Ergibt 350 g/12 oz

50 g ungesalzene (süße) Butter

150 ml/¼ pt/2/3 Tasse Milch und Wasser in gleichen Mengen, gemischt

75 g/3 oz/1/3 Tasse einfaches Mehl (Allzweck)

2 Eier, leicht geschlagen

Butter in Milch und Wasser in einem Topf bei schwacher Hitze schmelzen. Schnell zum Kochen bringen, vom Herd nehmen. Fügen Sie das gesamte Mehl hinzu und schlagen Sie, bis sich die Mischung von den Seiten der Pfanne löst. Etwas abkühlen lassen. Die Eier nach und nach nach und nach unterschlagen, bis die Mischung glatt und glänzend ist.

Blätterteig

Blätterteig (Paste) wird für feine Backwaren wie Sahnehörnchen verwendet. Es sollte nur bei kühlen Bedingungen hergestellt werden. Es wird normalerweise bei 220°C / 425°F / Gasherd Stufe 7 gebacken.

Macht 450g/1lb

225 g/8 oz/2 Tassen einfaches Mehl (Allzweck)

2. 5 ml/½ TL Salz

75 g Schmalz (Backfett)

75 g/3 oz/1/3 Tasse Butter oder Margarine

5 ml/1 TL Zitronensaft

100 ml/3½ fl oz/6½ EL Eiswasser

Mehl und Salz in einer Schüssel mischen. Schmalz und Butter oder Margarine mischen, zu einer Rolle formen und vierteln. Reiben Sie ein Viertel des Fetts in das Mehl, bis die Mischung Paniermehl ähnelt. Fügen Sie den Zitronensaft und so viel Wasser hinzu, dass Sie es mit einem runden Messer zu einem weichen Teig verarbeiten können. Mit Frischhaltefolie (Plastikfolie) abdecken und 20 Minuten abkühlen lassen.

Den Teig auf einer leicht bemehlten Arbeitsfläche etwa 5 mm dick ausrollen. Das nächste Viertel des Fetts in Stücke schneiden und auf zwei Drittel des Teigs verteilen, aber am Rand einen Spalt lassen. Das ungebutterte Drittel des Teigs über das Fett klappen, dann das gebutterte Drittel darüber klappen. Drücken Sie Ihre Finger um alle Nähte, um sie zu versiegeln. Mit Frischhaltefolie abdecken und 20 Minuten abkühlen lassen.

Legen Sie den Teig mit der Naht auf der rechten Seite auf die Oberfläche. Wie zuvor ausrollen und mit dem dritten Viertel des Fettes bestreuen. Zusammenfalten, verschließen und wie zuvor kühl stellen.

Legen Sie den Teig mit der Fugenmasse nach links auf die Oberfläche. Wie zuvor ausrollen und mit dem letzten Viertel des Fettes bestreichen. Zusammenfalten, verschließen und wie zuvor kühl stellen.

Den Teig 5 mm dick ausrollen und erneut falten. Mit Frischhaltefolie abdecken und vor Gebrauch 20 Minuten abkühlen lassen.

Blätterteig

Blätterteig (Pasta) sollte nach dem Backen etwa das Sechsfache aufgehen und kann für alle Arten von leichten Kuchen verwendet werden, die einen luftigen Teig benötigen. Es wird normalerweise bei 230°C/450°F/Gas Stufe 8 gebacken.

Macht 450g/1lb

225 g/8 oz/2 Tassen einfaches Mehl (Allzweck)

5 ml/1 TL Salz

225 g/1 Tasse Butter oder Margarine

2,5 ml/½ TL Zitronensaft

150 ml/¼ pt/2/3 Tasse Eiswasser

Mehl und Salz in einer Schüssel mischen. 50 g Butter oder Margarine in Stücke schneiden und mit dem Mehl verreiben, bis die Masse paniert wird. Zitronensaft und Wasser zugeben und mit einem Rundmesser zu einem weichen Teig verkneten. Den Teig auf eine leicht bemehlte Fläche geben und vorsichtig kneten, bis er glatt ist. Zu einer Kugel formen und in der Mitte ein tiefes Kreuz einschneiden, dabei etwa drei Viertel des Weges durch den Teig (Nudeln) schneiden. Öffnen Sie die Laschen und rollen Sie den Teig aus, sodass die Mitte dicker bleibt als die Ränder. Die restliche Butter oder Margarine in die Mitte des Teigs geben, die Laschen zuklappen und die Ränder verschließen. Den Teig zu einem Rechteck von 40 x 20 cm/16 x 8 Zoll ausrollen, dabei darauf achten, dass die Butter nicht herausläuft. Das untere Drittel des Teigs zur Mitte falten und das obere Drittel darüber klappen. Drücken Sie die Ränder zusammen, um sie zu versiegeln, und drehen Sie den Teig dann um eine Vierteldrehung. Mit Frischhaltefolie (Plastikfolie) abdecken und 20 Minuten abkühlen lassen. Wiederholen Sie das Rollen, Falten und Abkühlen insgesamt 6 Mal. Mit Frischhaltefolie abdecken und vor Gebrauch 30 Minuten abkühlen lassen.

Roher Blätterteig

Einfacher zuzubereiten als Blätterteig (Pasta), mit leichter Textur, am besten warm statt kalt. Es wird normalerweise bei 220°C / 425°F / Gasherd Stufe 7 gebacken.

Macht 450g/1lb

225 g/8 oz/2 Tassen einfaches Mehl (Allzweck)

5 ml/1 TL Salz

175 g/6 oz/¾ Tasse Butter oder Margarine, gekühlt und gewürfelt

5 ml/1 TL Zitronensaft

150 ml/¼ pt/2/3 Tasse Eiswasser

Alle Zutaten mit einem runden Messer zu einem weichen Teig verkneten. Auf eine leicht bemehlte Fläche legen und vorsichtig zu einem etwa 2 cm dicken Rechteck von 30 x 10 cm/12 x 4 Zoll ausrollen. Falten Sie das untere Drittel des Teigs zur Mitte hin, dann das obere Drittel nach unten. Drehen Sie den Teig so, dass die Naht auf der linken Seite ist, und verschließen Sie die Ränder mit den Fingerspitzen. Zu einem etwas größeren Rechteck von etwa 1 cm Dicke ausrollen. Auf die gleiche Weise dritteln, die Ränder schließen und den Teig eine Vierteldrehung wenden. Mit Frischhaltefolie (Plastikfolie) abdecken und 20 Minuten abkühlen lassen. Wiederholen Sie das Rollen, Falten und Drehen insgesamt viermal und kühlen Sie nach jeweils zwei Umdrehungen. In Frischhaltefolie wickeln und vor Gebrauch 20 Minuten abkühlen lassen.

Pate Sucree

Ein dünnes, süßes Gebäck (Pasta) mit einer schmelzenden Textur, hervorragend für Tortenböden (Pie Shells). Es wird normalerweise bei 180°C/350°F/Gas Stufe 4 blind gebacken.

Ergibt 350 g/12 oz

100 g / 4 oz / 1 Tasse einfaches Mehl (Allzweck)

Eine Prise Salz

50 g/2 oz/¼ Tasse Butter oder Margarine, weich

50 g/2 oz/¼ Tasse Streuzucker (superfeiner) Zucker

2 Eigelb

Mehl und Salz auf eine kühle Arbeitsfläche sieben und in die Mitte eine Mulde drücken. Butter oder Margarine, Zucker und Eigelb in die Mitte geben und verkneten, dabei nach und nach das Mehl mit den Fingerspitzen einarbeiten, bis ein weicher, glatter Teig entsteht. Mit Frischhaltefolie (Plastikfolie) abdecken und vor Gebrauch 30 Minuten abkühlen lassen.

Choux-Creme-Brötchen

Macht 16

50 g ungesalzene (süße) Butter

150 ml/¼ pt/2/3 Tasse Milch und Wasser in gleichen Mengen, gemischt

75 g/3 oz/1/3 Tasse einfaches Mehl (Allzweck)

2 Eier, geschlagen

150 ml/¼ pt/2/3 Tasse doppelte (schwere) Sahne

Puderzucker (Puderzucker), gesiebt, zum Bestäuben

Butter mit Milch und Wasser in einem Topf schmelzen und zum Kochen bringen. Vom Herd nehmen, das gesamte Mehl hinzufügen und rühren, bis sich die Mischung von den Seiten der Pfanne löst. Die Eier nach und nach nach und nach einrühren, bis alles vermischt ist. Den Teig löffelweise auf ein angefeuchtetes Backblech spritzen oder geben und im vorgeheizten Ofen bei 200°C/400°F/Gas Stufe 6 je nach Größe 20 Minuten goldbraun backen. Machen Sie einen Schlitz in die Seite jedes Kuchens, damit der Dampf entweichen kann, und kühlen Sie ihn auf einem Kuchengitter ab. Schlagsahne steif schlagen und dann in die Mitte der Brandbrötchen spritzen. Mit Puderzucker bestreut servieren.

Käsige Mandarinen-Puffs

Macht 16

Für den Teig (Nudeln):

50 g Butter

150 ml/¼ pt/2/3 Tasse Wasser

75 g/3 oz/¾ Tasse einfaches Mehl (Allzweck)

2 Eier, geschlagen

Für die Füllung:

300 ml/½ Pt/1¼ Tassen doppelte (schwere) Sahne

75 g Cheddar-Käse, gerieben

10 ml/2 TL Orangenlikör

300 g/11 oz/1 mittelgroße Dose Mandarinen, abgetropft

Die Butter mit dem Wasser in einem Topf schmelzen und zum Kochen bringen. Vom Herd nehmen, das gesamte Mehl hinzufügen und rühren, bis sich die Mischung von den Seiten der Pfanne löst. Die Eier nach und nach nach und nach einrühren, bis alles vermischt ist. Den Teig löffelweise auf ein angefeuchtetes Backblech spritzen oder geben und im vorgeheizten Ofen bei 200°C/400°F/Gas Stufe 6 je nach Größe 20 Minuten goldbraun backen. Machen Sie einen Schlitz in die Seite jedes Kuchens, damit der Dampf entweichen kann, und kühlen Sie ihn auf einem Kuchengitter ab.

Die Hälfte der Sahne steif schlagen, dann Käse und Likör unterrühren. In die Kränzchen spritzen und jeweils ein paar Mandarinen hineindrücken. Die Windbeutel auf einer großen Platte stapeln und mit der restlichen Sahne servieren.

Schokoladen-Eclairs

Macht 10

225 g Brandteig

Für die Füllung:
150 ml/¼ pt/2/3 Tasse doppelte (schwere) Sahne

5 ml/1 TL (feinster) Streuzucker

5 ml/1 TL Puderzucker (Konditoren)

Ein paar Tropfen Vanilleessenz (Extrakt)

Für die Soße:
50 g/2 oz/Tasse dunkle (halbsüße) Schokolade

15 g/½ oz/1 EL Butter oder Margarine

20 ml/4 TL Wasser

25 g/1 oz/3 EL Puderzucker (Konditoren)

Den Teig in einen Spritzbeutel mit einer normalen 2 cm/¾ Zoll Tülle (Spitze) geben und in 10 Bahnen auf ein leicht gefettetes Backblech (Biskuit) mit ausreichend Abstand dazwischen spritzen. Im vorgeheizten Backofen bei 190°C/375°F/Gas Stufe 5 30 Minuten backen, bis die Eclairs gut aufgegangen und goldbraun sind. Auf ein Kuchengitter legen und an einer Seite aufschneiden, damit der Dampf entweichen kann. Abkühlen lassen.

Für die Füllung die Schlagsahne mit dem Zucker und dem Vanillearoma steif schlagen. In die Eclairs löffeln.

Für die Sauce Schokolade, Butter oder Margarine und Wasser in einem Topf bei schwacher Hitze unter ständigem Rühren schmelzen. Den Puderzucker unterschlagen und auf den Eclairs verteilen.

Profiteroles

Macht 20

225 g Brandteig

Für die Füllung:
150 ml/¼ pt/2/3 Tasse doppelte (schwere) Sahne

5 ml/1 TL (feinster) Streuzucker

5 ml/1 TL Puderzucker (Konditoren)

Ein paar Tropfen Vanilleessenz (Extrakt)

Für die Soße:
50 g/2 oz/½ Tasse dunkle (halbbittere) Schokolade, gerieben

25 g/1 oz/2 Esslöffel (superfeiner) Streuzucker

300 ml/½ Pt 1¼ Tassen Milch

15 ml/1 EL Speisestärke (Speisestärke)

Ein paar Tropfen Vanilleessenz (Extrakt)

Den Teig in einen Spritzbeutel mit normaler 2 cm/¾ Zoll Tülle (Spitze) füllen und etwa 20 kleine Kugeln mit ausreichend Abstand zueinander auf ein leicht gefettetes Backblech (Biskuit) spritzen. Im vorgeheizten Ofen bei 190°C/375°F/Gas Stufe 5 25 Minuten backen, bis die Profiteroles gut aufgegangen und goldbraun sind. Legen Sie sie auf ein Gitter und schneiden Sie sie einzeln in Scheiben, damit der Dampf entweichen kann. Abkühlen lassen.

Für die Füllung die Schlagsahne mit dem Zucker und dem Vanillearoma steif schlagen. In die Kränzchen geben. Ordnen Sie sie auf einem hohen Hügel in einer Servierschüssel an.

Für die Soße die Schokolade und den Zucker in eine Schüssel mit allem bis auf 15 ml/1 EL Milch geben. Mischen Sie die aufgefangene Milch mit der Speisestärke. Milch, Schokolade und Zucker vorsichtig erhitzen, bis die Schokolade schmilzt, dabei gelegentlich umrühren. Maisstärke-Mischung einrühren und zum Kochen bringen. 3 Minuten kochen, umrühren. Fügen Sie die

Vanilleessenz hinzu. In einen warmen Krug abseihen. Die scharfe Sauce über die Profiteroles gießen oder abkühlen lassen und über das Gebäck gießen.

Mandel- und Pfirsichgebäck

Ergibt einen 23 cm/9 Zoll großen Kuchen

250 g Blätterteig

225 g/8 oz/2 Tassen gemahlene Mandeln

175 g/6 oz/¾ Tasse Streuzucker (superfeiner) Zucker

2 Eier

5 ml/1 TL Zitronensaft

15 ml/1 EL Amaretto

450 g/1 lb Pfirsiche, entkernt (entkernt) und halbiert

Extrafeiner (superfeiner) Zucker zum Bestäuben

50 g/2 oz/½ Tasse gesplitterte (gesplitterte) Mandeln

Rollen Sie den Teig auf einer leicht bemehlten Fläche in zwei etwa 5 mm dicke Rechtecke aus. Legen Sie einen auf ein angefeuchtetes Backblech (Kekse). Gemahlene Mandeln, Zucker, ein Ei, den Zitronensaft und Amaretto mischen und zu einer Paste verrühren. Rollen Sie die Nudeln zu einem gleich großen Rechteck und legen Sie sie auf den Teig. Die Pfirsiche mit der Schnittfläche nach unten auf das Mandelmus legen. Das restliche Ei trennen und die Teigränder mit etwas verquirltem Eigelb bestreichen. Das restliche Blätterteigrechteck längs halbieren. Schneiden Sie Schlitze alle 1 cm von der Falte bis auf 1 cm von der gegenüberliegenden Kante. Den Teig auseinanderfalten und über die Pfirsiche legen, die Ränder zusammendrücken, um sie zu versiegeln. Die Ränder mit einem Messer glätten. 30 Minuten abkühlen. Mit dem restlichen Eigelb bestreichen und im vorgeheizten Backofen bei 220°C/425°F/Gas Stufe 7 20 Minuten backen, bis er gut aufgegangen ist. Mit Eiweiß bestreichen, mit

Puderzucker bestreuen und mit Mandelblättchen bestreuen. Für weitere 10 Minuten in den Ofen geben, bis sie goldbraun sind.

Apple Windmühlen

Macht 6

225 g Blätterteig

1 großer Essapfel (Dessert).

15 ml/1 EL Zitronensaft

30 ml/2 EL Marillenmarmelade (eingemacht), passiert (abgetropft)

15 ml/1 EL Wasser

Den Teig ausrollen und in 13 cm/5 Quadrate schneiden. In die diagonalen Linien der Teigquadrate vom Rand zur Mitte vier 5 cm/2 Einschnitte machen. Befeuchten Sie die Mitte der Quadrate und drücken Sie einen Punkt von jeder Ecke in die Mitte, um eine Windmühle zu machen. Den Apfel schälen, das Kerngehäuse entfernen und in dünne Scheiben schneiden und mit dem Zitronensaft schwenken. Ordnen Sie die Apfelscheiben in der Mitte der Windmühlen an und backen Sie sie im vorgeheizten Ofen bei 220°C/425°F/Gas Stufe 7 für 10 Minuten, bis sie aufgeblasen und goldbraun sind. Die Marmelade mit dem Wasser erhitzen, bis alles gut vermischt ist, dann die Äpfel und den Teig damit bepinseln. Abkühlen lassen.

Cremefarbene Hörner

Macht 10

450 g Blätterteig oder Blätterteig

1 Eigelb

15 ml/1 EL Milch

300 ml/½ Pt/1¼ Tassen doppelte (schwere) Sahne

50 g / 2 oz / 1/3 Tasse Puderzucker, gesiebt, plus extra zum Bestäuben

Den Teig zu einem Rechteck von 50 x 30 cm / 20 x 12 inch ausrollen, die Ränder abschneiden und der Länge nach in 2,5 cm / 1 inch breite Streifen schneiden. Das Eigelb mit der Milch verrühren und den Teig vorsichtig damit bepinseln, dabei darauf achten, dass kein Ei auf den Teigboden gelangt oder an den Förmchen kleben bleibt. Drehen Sie jeden Streifen spiralförmig um eine Metallhornform und überlappen Sie die Ränder der Teigstreifen. Nochmals mit Eigelb und Milch bestreichen und mit dem Ende nach unten auf ein Backblech (Kekse) legen. Im vorgeheizten Backofen bei 200°C/400°F/Gas Stufe 6 15 Minuten goldbraun backen. 3 Minuten abkühlen lassen und dann die Förmchen aus dem noch warmen Teig lösen. Abkühlen lassen. Die Schlagsahne mit dem Puderzucker steif schlagen und dann in die Schlagsahnehörnchen spritzen. Mit etwas mehr Puderzucker bestäuben.

Seriell

Macht 6

225 g Blätterteig

100 g Himbeeren

120 ml/4 fl oz/½ Tasse doppelte (schwere) Sahne

60ml/4 Esslöffel Puderzucker (Konditoren)

Ein paar Tropfen Wasser

Ein paar Tropfen rote Lebensmittelfarbe

Den Teig auf einer leicht bemehlten Fläche 5 mm dick ausrollen und die Ränder zu einem Rechteck schließen. Auf ein ungefettetes Backblech (Kekse) legen und im vorgeheizten Backofen bei 220°C/425°F/Gas Stufe 7 10 Minuten backen, bis sie gut aufgegangen und goldbraun sind. Abkühlen lassen.
Den Teig waagerecht in zwei Schichten schneiden. Das Obst sorgfältig waschen, abtropfen lassen und trocknen. Schlagsahne steif schlagen. Auf den unteren Blätterteigboden streichen, mit den Früchten bedecken und den oberen Blätterteigboden darauflegen. Den Puderzucker in eine Schüssel geben und nach und nach so viel Wasser hinzufügen, dass eine dicke Glasur entsteht. Verteilen Sie den größten Teil der Glasur auf der Oberseite des Kuchens. Restliche Glasur mit etwas Lebensmittelfarbe einfärben, etwas mehr Puderzucker dazugeben, wenn sie zu flüssig wird. Spritzen oder träufeln Sie Linien auf die weiße Glasur und führen Sie dann einen Cocktailstab (Zahnstocher) über die Linien, um einen gefiederten Effekt zu erzielen. Sofort servieren.

Gebäck gefüllt mit Ricotta

Macht 16

350 g Blätterteig

1 Eiweiß

10 ml/2 TL (feinster) Streuzucker

Für die Füllung:
150 ml/¼ pt/2/3 Tasse doppelte (schwere) oder schwere Sahne

100 g/4 oz/½ Tasse Ricotta-Käse

30 ml/2 EL (feinster) Streuzucker

45 ml/3 EL gehackte gemischte Schale

Puderzucker zum Bestäuben

Den Teig (Nudeln) auf einer leicht bemehlten Fläche dünn ausrollen und in vier Kreise von 18 cm/7 schneiden. Jeden Kreis vierteln, auf ein leicht gefettetes Backblech (Kekse) legen und 30 Minuten abkühlen lassen.

Das Eiweiß schaumig schlagen und dann den Zucker unterrühren. Den Teig bestreichen und im vorgeheizten Backofen 10 Minuten backen, bis er aufgegangen und goldbraun ist. Auf ein Kuchengitter legen und einen Schlitz in die Dreiecke machen, um die Füllung hineinzugeben. Abkühlen lassen.

Für die Füllung die Schlagsahne steif schlagen. Den Ricotta in einer Schüssel einweichen und Sahne, Zucker und Obst unterrühren. Die Füllung auf die Gebäckstücke spritzen oder löffeln und sofort mit Puderzucker bestreut servieren.

Walnusssaucen

Macht 18

200 g/7 oz/1¾ Tassen Walnüsse, grob gemahlen

75 g/3 oz/1/3 Tasse Streuzucker (superfeiner) Zucker

30 ml/2 EL Anislikör oder Pernod

25 g/2 EL Butter oder Margarine, eingeweicht

450 g Blätterteig

1 Ei, geschlagen

Walnüsse, Zucker, Likör und Butter oder Margarine mischen. Rollen Sie den Teig (Pasta) auf einer leicht bemehlten Fläche zu einem Rechteck mit den Maßen 60 x 30 cm/24 x 12 Zoll aus (oder Sie können jeweils die Hälfte des Teigs ausrollen). In 18 Quadrate schneiden und die Walnussmischung auf die Quadrate verteilen. Die Ränder der Quadrate mit verquirltem Ei bestreichen, dann zusammenklappen und mit dem Gelenk nach unten zu Wurstformen schließen, die Enden wie ein Bonbonpapier drehen. Auf ein gefettetes Backblech (Kekse) legen und mit verquirltem Ei bestreichen. Im vorgeheizten Backofen bei 230°C/450°F/Gas Stufe 8 10 Minuten backen, bis sie aufgegangen und goldbraun sind. Am Tag des Backens heiß essen.

Dänische Pasteten

Macht 450g/1lb

450 g Mehl (Allzweckmehl)

5 ml/1 TL Salz

25 g/1 oz/2 Esslöffel (superfeiner) Streuzucker

5 ml/1 TL gemahlener Kardamom

50 g Frischhefe oder 75 ml/5 EL Trockenhefe

250 ml/8 fl oz/1 Tasse Milch

1 Ei, geschlagen

300 g/10 oz/1¼ Tassen Butter, in Scheiben geschnitten

Mehl, Salz, Zucker und Kardamom in eine Schüssel sieben. Die Hefe mit etwas Milch cremig schlagen und das Mehl mit der restlichen Milch und dem Ei unterrühren. Zu einem Teig verarbeiten und zu einem glatten und glänzenden Teig kneten.

Den Teig (Nudeln) auf einer leicht bemehlten Arbeitsfläche zu einem Rechteck mit den Maßen 56 x 30 cm/22 x 12 cm und einer Dicke von etwa 1 cm ausrollen. Die Butterscheiben über das mittlere Drittel des Teigs verteilen, dabei an den Rändern eine Lücke lassen. Falten Sie ein Drittel des Teigs, um die Butter zu bedecken, und falten Sie das restliche Drittel darüber. Die Enden mit den Fingerspitzen zusammendrücken, dann 15 Minuten abkühlen lassen. Nochmals auf die gleiche Größe ausrollen, dritteln und 15 Minuten abkühlen lassen. Wiederholen Sie den Vorgang noch einmal. Legen Sie den Teig in eine bemehlte Plastiktüte und lassen Sie ihn vor der Verwendung 15 Minuten ruhen.

Dänische Geburtstagsbrezel

Serviert 8

50 g frische Hefe

50 g Kristallzucker

450 g Mehl (Allzweckmehl)

250 ml/8 fl oz/1 Tasse Milch

1 Ei

200 g/7 oz/scan 1 Tasse Butter, gekühlt und in Scheiben geschnitten

Für die Füllung:

100 g / 4 oz / 1 Tasse gehackte Mandeln

100 g/4 oz/½ Tasse Butter oder Margarine

100 g/4 oz/½ Tasse (superfeiner) Zucker

Geschlagenes Ei zum Glasieren

25 g blanchierte Mandeln, grob gehackt

15 ml/1 EL Demerara-Zucker

Die Hefe mit dem Zucker cremig schlagen. Das Mehl in eine Schüssel geben. Milch und Ei verquirlen und mit der Hefe zum Mehl geben. Zu einem Teig verarbeiten, abdecken und 1 Stunde an einem kalten Ort gehen lassen. Den Teig (Nudeln) auf 56 x 30 cm ausrollen. Die Butter in das mittlere Drittel des Teigs geben, die Ränder aussparen. Ein Drittel des Teigs über die Butter klappen, dann das andere Drittel klappen und die Ränder zusammendrücken. 15 Minuten abkühlen. Noch dreimal ausrollen, falten und kühl stellen.

Die anderen Zutaten, außer Ei, Mandeln und Zucker, glatt rühren. Den Teig zu einem langen Streifen von etwa 3 mm Dicke und 10 cm Breite ausrollen. Die Füllung in der Mitte teilen, die Ränder befeuchten und über der Füllung zusammendrücken. Auf einem gefetteten Backblech eine Brezel formen und 15 Minuten an einem warmen Ort gehen lassen. Mit verquirltem Ei bestreichen und mit blanchierten Mandeln und Demerara-Zucker bestreuen. Im vorgeheizten Backofen bei 230°C/450°F/Gas Stufe 8 15-20 Minuten backen, bis sie aufgegangen und goldbraun sind.

Dänische Gebäckschnecken

Macht 16

100 g/4 oz/½ Tasse ungesalzene (süße) Butter, weich

60ml/4 Esslöffel Puderzucker (Konditoren)

45 ml/3 EL Johannisbeeren

½ Menge Plundergebäck

15 ml/1 EL gemahlener Zimt

Glasur glasieren

Für die Füllung Butter und Puderzucker glatt schlagen und die Johannisbeeren unterrühren. Den Teig zu einem Rechteck von etwa 40 x 15 cm ausrollen. Mit der Butterfüllung bestreichen und mit Zimt bestreuen. Am kurzen Ende aufrollen, um eine Biskuitrolle zu erhalten. In 16 Scheiben schneiden und auf ein Backblech legen (Kekse). 15 Minuten an einem warmen Ort gehen lassen. Im vorgeheizten Backofen bei 230°C/450°F/Gas Stufe 8 10-15 Minuten goldbraun backen. Abkühlen lassen und mit Glasur dekorieren.

Dänische Gebäckzöpfe

Macht 16

½ Menge Plundergebäck

1 Ei, geschlagen

25 g/1 oz/3 EL Johannisbeeren

Glasur glasieren

Den Teig in sechs gleichgroße Portionen teilen und jede zu einer langen Rolle formen. Die Enden der Rollen befeuchten und zu Dritteln zusammendrücken, dann die Bahnen zu einem Zopf flechten und die Enden verschließen. In 10 cm lange Stücke schneiden und auf ein Backblech legen (Kekse). 15 Minuten an einem warmen Ort gehen lassen. Mit verquirltem Ei bestreichen und mit Johannisbeeren bestreuen. Im vorgeheizten Ofen bei 230°C/450°F/Gas Stufe 8 10-15 Minuten backen, bis sie gut aufgegangen und goldbraun sind. Abkühlen lassen und mit Glasur überziehen.

Dänische Konditoreien

Macht 16

25 g/1 oz/¼ Tasse gemahlene Mandeln

25 g/1 oz/3 EL Puderzucker (Konditoren)

Ein bisschen Eiweiß

½ Menge Plundergebäck

Für die Füllung die Mandeln und den Puderzucker mahlen und nach und nach so viel Eiweiß unterrühren, dass eine feste, glatte Masse entsteht. Den Teig ausrollen und in 10 cm/4 Quadrate schneiden. Diagonal von den Ecken bis auf 1 cm von der Mitte schneiden. Einen Löffel der Füllung in die Mitte jeder Windmühle geben, dann vier der Ecken wie bei einer Windmühle in die Mitte bringen und in die Füllung drücken. Auf ein Backblech (Kekse) legen und 15 Minuten an einem warmen Ort gehen lassen. Mit restlichem Eiweiß bestreichen und im vorgeheizten Ofen bei 230°C/450°F/Gas Stufe 8 10-15 Minuten backen, bis sie aufgegangen und goldbraun sind.

Mandelgebäck

Macht 24

450 g/1 lb/2 Tassen (superfeiner) Streuzucker

450 g / 4 Tassen gemahlene Mandeln

6 Eier, leicht geschlagen

5 ml/1 TL Vanilleessenz (Extrakt)

75 g/3 oz/¾ Tasse Pinienkerne

Mischen Sie Zucker, gemahlene Mandeln, Eier und Vanilleessenz, bis alles gut vermischt ist. Auf ein gefettetes und mit Backpapier ausgelegtes Backblech 30 x 23 cm/12 x 9 löffeln und mit den Pinienkernen bestreuen. Im vorgeheizten Backofen bei 180°C/350°F/Gas Stufe 4 1½ Stunden backen, bis sie gebräunt und fest sind. In Quadrate schneiden.

Einfacher Biskuitkuchen-Fall

Ergibt eine 23 cm/9-Zoll-Hülle (Schale)

2 Eier

200 g/7 oz/Scan 1 Tasse (superfeiner) Streuzucker

5 ml/1 TL Vanilleessenz (Extrakt)

150 g Mehl (Allzweckmehl)

5 ml/1 TL Backpulver

Eine Prise Salz

120 ml/4 fl oz/½ Tasse Milch

50 g Butter oder Margarine

Eier, Zucker und Vanilleessenz schaumig schlagen und Mehl, Backpulver und Salz untermischen. Milch und Butter oder Margarine in einem kleinen Topf aufkochen, in die Kuchenmasse geben und gut verrühren. In eine gefettete 23cm/9cm Kuchenform füllen und im vorgeheizten Ofen bei 180°C/350°F/Gas Stufe 4 30 Minuten backen, bis sie leicht goldbraun sind. Zum Abkühlen auf ein Kuchengitter geben.

Mandelkuchen

Für einen 20cm/8in Kuchen

175 g Mürbeteig

Für die Füllung:

50 g/2 oz/¼ Tasse Butter oder Margarine, weich

2 Eier, geschlagen

50 g / 2 oz / Tasse selbsttreibendes Mehl (selbsttreibendes Mehl)

75 g/3 oz/¾ Tasse gemahlene Mandeln

Ein paar Tropfen Mandelessenz (Extrakt)

45 ml/3 EL Orangensaft

400 g/1 große Dose Pfirsiche oder Aprikosen, gut abgetropft

15 ml/1 EL gehobelte (gehobelte) Mandeln

Den Teig (Nudeln) ausrollen und eine gefettete 20 cm/8 in Kuchenform (Pfanne) damit auslegen. Den Boden mit einer Gabel einstechen. Schlagen Sie die Butter oder Margarine und die Eier leicht zusammen. Mehl, gemahlene Mandeln, Mandelessenz und Orangensaft nach und nach untermischen. Pfirsiche oder Aprikosen in einer Küchenmaschine pürieren oder durch ein Sieb (Sieb) reiben. Das Püree über den Teig verteilen und die Mandelmischung darauf löffeln. Mit den Mandelblättchen bestreuen und im vorgeheizten Ofen bei 190°C/375°F/Gas Stufe 5 40 Minuten backen, bis sie sich elastisch anfühlen.

Apfel- und Orangenkuchen aus dem 18. Jahrhundert

Für einen Kuchen mit 18 cm/7 Zoll

Für den Teig (Nudeln):

100 g / 4 oz / 1 Tasse einfaches Mehl (Allzweck)

25 g/1 oz/2 Esslöffel (superfeiner) Streuzucker

50 g Butter oder Margarine

1 Eigelb

Für die Füllung:

75 g/3 oz/1/3 Tasse Butter oder Margarine, weich

75 g/3 oz/1/3 Tasse Streuzucker (superfeiner) Zucker

4 Eigelb

25 g/1 oz/3 EL gehackte gemischte (kandierte) Schale

Abgeriebene Schale von 1 großen Orange

1 Essen (Dessert) Apfel

Für den Teig Mehl und Zucker in einer Schüssel mischen und mit Butter oder Margarine verreiben, bis die Masse Paniermehl ähnelt. Eigelbe untermischen und leicht zu einem Teig kneten. In Frischhaltefolie (Plastikfolie) wickeln und vor Gebrauch 30 Minuten abkühlen lassen. Den Teig ausrollen und einen gefetteten Puddingring von 18 cm/7 auslegen.

Für die Füllung Butter oder Margarine und Zucker schaumig rühren, dann Eigelb, gemischte Schale und Orangenschale untermischen. Über den Teig löffeln. Den Apfel schälen, entkernen, raspeln und über den Kuchen verteilen. Im vorgeheizten Backofen bei 180°C/350°F/Gas Stufe 4 30 Minuten backen.

Deutscher Apfelkuchen

Für einen 20cm/8in Kuchen

Für den Teig (Nudeln):

100 g / 4 oz / 1 Tasse selbstaufgehendes (selbstaufgehendes) Mehl

50 g weicher brauner Zucker

25 g/1 oz/¼ Tasse gemahlene Mandeln

75 g/3 oz/1/3 Tasse Butter oder Margarine

5 ml/1 TL Zitronensaft

1 Eigelb

Für die Füllung:

450 g (scharfe) Äpfel, geschält, entkernt und in Scheiben geschnitten

75 g/3 oz/1/3 Tasse weicher brauner Zucker

Abgeriebene Schale von 1 Zitrone

5 ml/1 TL Zitronensaft

Für den Belag:

50 g Butter oder Margarine

50 g/2 oz/½ Tasse einfaches Mehl (Allzweck)

5 ml/1 TL gemahlener Zimt

150 g/5 oz/2/3 Tasse weicher brauner Zucker

Für den Teig Mehl, Zucker und Mandeln mischen und mit Butter oder Margarine verreiben, bis die Mischung paniermehlähnlich ist. Zitronensaft und Eigelb unterrühren und zu einem Teig kneten. In den Boden einer gefetteten 20 cm/8 Zoll Kuchenform (Dose) drücken. Die Zutaten für die Füllung mischen und auf dem Boden verteilen. Für den Belag Butter oder Margarine mit Mehl und Zimt verreiben, dann den Zucker einrühren und auf der Füllung verteilen. Im vorgeheizten Backofen bei 180°C/350°F/Gas Stufe 4 1 Stunde goldbraun backen.

Apfelkuchen mit Honig

Für einen 20cm/8in Kuchen

Für den Teig (Nudeln):
75 g/3 oz/1/3 Tasse Butter oder Margarine

175 g/6 oz/1½ Tassen Vollkornmehl

Eine Prise Salz

5 ml/1 TL klarer Honig

1 Eigelb

30 ml/2 EL kaltes Wasser

Für die Füllung:
900 g (2 lb) kochende (säuerliche) Äpfel

30 ml/2 EL Wasser

75 ml/5 EL klarer Honig

Abgeriebene Schale und Saft von 1 Zitrone

25 g/2 EL Butter oder Margarine

2,5 ml/½ TL gemahlener Zimt

2 essen (Dessert) Äpfel

Für den Teig die Butter oder Margarine mit Mehl und Salz verreiben, bis die Mischung Paniermehl ähnelt. Den Honig einrühren. Eigelb mit wenig Wasser verquirlen und unter die Masse rühren, so viel Wasser zugeben, dass ein weicher Teig entsteht. In Frischhaltefolie (Plastikfolie) wickeln und 30 Minuten abkühlen lassen.

Für die Füllung die Kochäpfel schälen, entkernen, in Scheiben schneiden und mit dem Wasser weich kochen. 45 ml/3 Esslöffel Honig, Zitronenschale, Butter oder Margarine und Zimt hinzugeben und offen pürieren. Abkühlen lassen.

Den Teig auf einer leicht bemehlten Fläche ausrollen und einen 20 cm großen Tortenring damit auslegen. Mit einer Gabel rundherum einstechen, mit Pergamentpapier abdecken und mit Backbohnen füllen. Im vorgeheizten Backofen bei 200°C/400°F/Gas Stufe 6 10 Minuten backen. Entfernen Sie das Papier und die Bohnen. Die Backofentemperatur auf 190°C/375°F/Gas Stufe 5 reduzieren. Das Apfelpüree in die Form geben. Die Essäpfel entkernen ohne sie zu schälen und dann in dünne Scheiben schneiden. In sauber überlappenden Kreisen auf dem Püree anrichten. Im vorgeheizten Ofen 30 Minuten backen, bis die Äpfel weich und leicht gebräunt sind.

Den restlichen Honig mit dem Zitronensaft in einen Topf geben und leicht erhitzen, bis sich der Honig aufgelöst hat. Zum Glasieren über den gekochten Flan geben.

Apfel-Hack-Kuchen

Für einen Kuchen mit 18 cm/7 Zoll

175 g Mürbeteig

1 mittelkochender (scharfer) Apfel, geschält, entkernt und gerieben

175 g/6 oz/½ Tasse Hackfleisch

150 ml/¼ pt/2/3 Tasse doppelte (schwere) Sahne

25 g Mandeln, gehackt und geröstet

Den Teig (Nudeln) ausrollen und einen 18 cm/7 Tortenring damit auslegen. Mit einer Gabel überall einstechen. Den Apfel durch das Hackfleisch rühren und auf dem Boden verteilen. Im vorgeheizten Ofen bei 200°C/400°F/Gas Stufe 6 15 Minuten backen. Die Ofentemperatur auf 160°C/325°F/Gas Stufe 3 reduzieren und weitere 10 Minuten backen. Abkühlen lassen. Schlagsahne steif schlagen, auf der Torte verteilen, mit den Mandeln bestreuen und sofort servieren.

Apfel- und Sultanatorte

Für einen 20cm/8in Kuchen

100 g/4 oz/½ Tasse Butter oder Margarine

225 g / 8 oz / 2 Tassen Vollkornmehl (Vollkornmehl).

30 ml/2 EL kaltes Wasser

450 g (scharfe) Äpfel, geschält, entkernt und in Scheiben geschnitten

15 ml/1 EL Zitronensaft

50 g/2 oz/1/3 Tasse Sultaninen (goldene Rosinen)

50 g weicher brauner Zucker

Reiben Sie die Butter oder Margarine in das Mehl, bis die Mischung Paniermehl ähnelt. Fügen Sie genug kaltes Wasser hinzu, um es zu einem Teig (Paste) zu mischen. Ausrollen und zum Auskleiden eines gefetteten 20 cm/8 Zoll großen Tortenrings verwenden. Wenden Sie die Äpfel im Zitronensaft und arrangieren Sie sie in der Kuchenform. Mit den Sultaninen und dem Zucker bestreuen. Den Blätterteig ausrollen und ein Gitter über die Füllung formen. Im vorgeheizten Ofen bei 190°C/375°F/Gas Stufe 5 30 Minuten backen.

Aprikosen-Kokos-Baiser-Tarte

Serviert 8

4 Eier, getrennt

100 g/4 oz/½ Tasse Butter oder Margarine, aufgeweicht

175 g/3 oz/1/3 Tasse klarer Honig

225 g / 8 oz / 2 Tassen Vollkornmehl (Vollkornmehl).

Eine Prise Salz

450g frische Aprikosen, halbiert und entkernt (entkernt)

100 g/4 oz/½ Tasse (superfeiner) Zucker

175 g/6 oz/1½ Tassen getrocknete (geschredderte) Kokosnuss

Eigelb, Butter oder Margarine und Honig schlagen, bis alles gut vermischt ist. Mischen Sie das Mehl und das Salz, bis es glatt und fest ist. Den Teig (Nudeln) auf einer leicht bemehlten Arbeitsfläche ca. 1 cm dick ausrollen und auf ein gefettetes Backblech (Kekse) legen. Die Aprikosenhälften mit der Schnittfläche nach unten darauflegen und im vorgeheizten Backofen bei 200°C/400°C/Gas Stufe 6 15 Minuten backen.

Das Eiweiß steif schlagen. Die Hälfte des Zuckers dazugeben und nochmals steif schlagen und glänzen. Restlichen Zucker und Kokos unterheben. Die Baisermischung über die Aprikosen verteilen und für weitere 30 Minuten in den Ofen geben, bis sie leicht goldbraun sind. Noch warm in Quadrate schneiden.

Bakewell-Kuchen

Für einen Kuchen mit 18 cm/7 Zoll

Für den Teig (Nudeln):

50 g Butter oder Margarine

100 g / 4 oz / 1 Tasse einfaches Mehl (Allzweck)

30 ml/2 EL Wasser

Für die Füllung:

100 g Erdbeermarmelade (aus der Dose)

50 g/2 oz/¼ Tasse Butter oder Margarine, weich

50 g/2 oz/¼ Tasse Streuzucker (superfeiner) Zucker

1 Ei, leicht geschlagen

Ein paar Tropfen Mandelessenz (Extrakt)

25 g/1 oz/¼ Tasse selbsttreibendes Mehl (selbsttreibendes Mehl)

25 g/1 oz/3 EL gemahlene Mandeln

50 g/2 oz/½ Tasse gesplitterte (gesplitterte) Mandeln

Für den Teig die Butter oder Margarine in das Mehl einreiben, bis die Mischung Paniermehl ähnelt. Rühren Sie gerade genug Wasser ein, um sich zu einem Teig zu vermischen. Eine gefettete 18 cm/7 Kuchenform damit ausrollen und auslegen. Mit der Marmelade bestreichen. Für die Füllung Butter oder Margarine und Zucker verrühren und Ei-Mandel-Essenz unterschlagen. Mehl und gemahlene Mandeln unterrühren. Die Marmelade darauf verteilen und die Oberfläche ebnen. Mit den gehobelten Mandeln bestreuen. Im vorgeheizten Ofen bei 190°C/375°F/Gas 5 für 20 Minuten backen.

Banoffee-Fudge-Torte

Serviert 4

250 g Mürbeteig

75 g/3 oz/1/3 Tasse Butter oder Margarine

50 g weicher brauner Zucker

30 ml/2 EL Milch

250 ml/8 fl oz/1 Tasse Kondensmilch

3-4 Bananen, in dicke Scheiben geschnitten

Zitronensaft

300 ml/½ Pt/1¼ Tassen doppelte (schwere) Sahne

Den Teig ausrollen und mit einer 23 cm/9 tiefen Springform mit losem Boden (Pfanne) auslegen. Mit Backpapier abdecken, mit Backbohnen füllen und im vorgeheizten Ofen bei 200°C/400°F/Gasstufe 6 ca. 10 Minuten blind backen. Papier und Bohnen entfernen und weitere 5 Minuten backen, bis sie leicht goldbraun sind.

In der Zwischenzeit Butter und Zucker in einem Topf erhitzen und rühren, bis sie sich aufgelöst haben. Zum Kochen bringen und 1 Minute unter ständigem Rühren kochen. Vom Herd nehmen und Milch und Kondensmilch einrühren. Unter ständigem Rühren erneut 2 Minuten zum Kochen bringen oder bis die Mischung goldbraun und sehr dickflüssig ist. Die Bananen in die Kuchenform geben und mit etwas Zitronensaft beträufeln. Mit dem Fudge bedecken und abkühlen lassen. 45 Minuten kühl stellen, bis sie ausgehärtet sind. Schlagsahne steif schlagen und auf den Kuchen heben. Nach Belieben mit zusätzlicher Banane garnieren und mit Zitronensaft beträufeln. Innerhalb von 2-3 Stunden servieren.

Verkauf von walisischen Blackberrys

Für einen 20cm/8in Kuchen

225 g Brombeeren

225 g Mürbeteig

Etwas Milch zum Glasieren

25 g/2 EL Butter oder Margarine, in Würfel geschnitten

50 g weicher brauner Zucker

Das Obst waschen und schneiden. Den Teig (Nudeln) zu einem Kreis von 23 cm/9 ausrollen und auf ein gefettetes Backblech (Kekse) legen. Die Hälfte des Teigs mit den Früchten bedecken, dabei die Ränder aussparen. Locker halbieren, die Oberseite mit Milch bestreichen und im vorgeheizten Ofen bei 190°C/375°F/Gas Stufe 5 für 40 Minuten backen. Aus dem Ofen nehmen und den Deckel vorsichtig anheben, gerade genug, um die Früchte damit zu bedecken Butter oder Margarine beträufeln und mit Zucker bestreuen.

Brandy oder Rum-Tarte

Für einen 20cm/8in Kuchen

225 g/8 oz/1 Tasse entsteinte (entsteinte) Datteln, gehackt

250 ml/8 fl oz/1 Tasse kochendes Wasser

2,5 ml/½ TL Bicarbonat (Backpulver)

100 g/4 oz/½ Tasse Butter oder Margarine, aufgeweicht

175 g/6 oz/¾ Tasse Streuzucker (superfeiner) Zucker

2 Eier

175 g/6 oz/1½ Tassen Mehl (Allzweck)

2,5 ml/½ TL Backpulver

2,5 ml/½ TL Ingwerpulver

Eine Prise Salz

50 g/2 oz/½ Tasse gehackte gemischte Nüsse

50 g/2 oz/½ Tasse Keksbrösel

Für den Sirup:

450 g/l lb/2 Tassen weicher brauner Zucker

250 ml/8 fl oz/1 Tasse kochendes Wasser

15 g/½ oz/1 EL Butter oder Margarine

5 ml/1 TL gemahlener Zimt

60 ml/4 EL Cognac oder Rum

Mischen Sie die Datteln, 200 ml / 7 fl oz/scan 1 Tasse kochendes Wasser und das Natron, rühren Sie gut um und lassen Sie es stehen. Butter oder Margarine, Zucker und restliches kochendes Wasser schaumig schlagen. Eier nach und nach unterschlagen, dann Mehl, Backpulver, Ingwer und Salz unterheben. Nüsse, Kekskrümel und Dattelmischung unterrühren. In eine gefettete und mit Pergament ausgelegte quadratische Kuchenform (20 cm/8 Zoll) geben und im vorgeheizten Ofen bei 190 °C/375 °F/Gas Stufe 5 30 Minuten lang backen, bis sie goldbraun sind und sich elastisch anfühlen.

Für den Sirup alle Zutaten bis auf den Cognac oder Rum in einem Topf zum Kochen bringen. 5 Minuten köcheln lassen und abkühlen lassen. Den Cognac einrühren und den Sirup über den heißen Kuchen geben. Vor dem Servieren lauwarm abkühlen lassen.

Butterkuchen

Macht 12

225 g Mürbeteig

50 g/2 oz/¼ Tasse Butter oder Margarine, geschmolzen

175 g/6 oz/¾ Tasse weicher brauner Zucker

45 ml/3 Esslöffel einzelne (leichte) Sahne

100 g Sultaninen (goldene Rosinen)

1 Ei, leicht geschlagen

5 ml/1 TL Vanilleessenz (Extrakt)

Den Teig (Pasta) ausrollen und 12 gefettete Tarteformen (Patties) damit auslegen und mit einer Gabel einstechen. Alle anderen Zutaten miteinander vermischen und in Förmchen füllen. Im vorgeheizten Backofen bei 180°C/350°F/Gas Stufe 4 25 Minuten backen.

Kokosnusskuchen

Für einen Kuchen von 23 cm/9

150 g Butter oder Margarine

50 g weicher brauner Zucker

75 ml/5 EL klarer Honig

45 ml/3 EL Milch

75 g/3 oz/¾ Tasse getrocknete (geschredderte) Kokosnuss

1 einfacher Biskuitkuchenbehälter

Alle Zutaten für die Füllung unter ständigem Rühren zum Kochen bringen. In die Kuchenform (Kuchenform) geben und einige Minuten unter einen heißen Grill (Grill) stellen, um die Oberseite zu bräunen.

Puddingtörtchen

Macht 12

225 g Mürbeteig

15 ml/1 EL (feinster) Streuzucker

1 Ei, leicht geschlagen

150 ml/¼ pt/2/3 Tasse warme Milch

Eine Prise Salz

Zum Bestreuen geriebene Muskatnuss

Den Teig ausrollen und 12 tiefe Tortenformen (Kuchen) damit auskleiden. Den Zucker mit dem Ei verrühren und nach und nach die warme Milch und das Salz unterrühren. Die Mischung in die Tortenförmchen (Tortenböden) gießen und mit Muskatnuss bestreuen. Im vorgeheizten Backofen bei 200°C/400°F/Gas Stufe 6 20 Minuten backen. In den Förmchen auskühlen lassen.

Dänische Puddingtörtchen

Macht 8

200 g/7 oz/scan 1 Tasse Butter oder Margarine

250 g/9 oz/2¼ Tassen einfaches Mehl (Allzweck)

50 g/2 oz/1/3 Tasse Puderzucker, gesiebt

2 Eigelb

1 Menge dänische Puddingfüllung

Reiben Sie die Butter oder Margarine in das Mehl und den Zucker, bis die Mischung Paniermehl ähnelt. Das Eigelb einarbeiten, bis alles gut vermischt ist. Mit Frischhaltefolie (Plastikfolie) abdecken und 1 Stunde abkühlen lassen. Zwei Drittel des Teiges (Nudeln) ausrollen und damit eingefettete Kuchenformen (Teig) auslegen. Mit der Puddingfüllung füllen. Restlichen Teig ausrollen und Deckel für die Törtchen ausstechen. Befeuchten Sie die Ränder und drücken Sie sie zusammen, um sie zu versiegeln. Im vorgeheizten Backofen bei 200°C/400°F/Gas Stufe 6 15-20 Minuten goldbraun backen. In den Förmchen auskühlen lassen.

Obsttorten

Macht 12

75 g/3 oz/1/3 Tasse Butter oder Margarine, gewürfelt

175 g/6 oz/1½ Tassen Mehl (Allzweck)

45 ml/3 EL (feinster) Streuzucker

10 ml/2 TL fein geriebene Orangenschale

1 Eigelb

15 ml/1 EL Wasser

175 g Frischkäse

15 ml/1 EL Milch

350 g gemischte Früchte wie halbierte kernlose Weintrauben, Mandarinenstücke, geschnittene Erdbeeren, Brombeeren oder Himbeeren

45 ml/3 EL Marillenmarmelade (eingemacht), passiert (abgetropft)

15 ml/1 EL Wasser

Reiben Sie die Butter oder Margarine in das Mehl, bis die Mischung Paniermehl ähnelt. 30 ml/2 Esslöffel Zucker und die Hälfte der Orangenschale unterrühren. Fügen Sie das Eigelb und gerade so viel Wasser hinzu, dass sich ein weicher Teig ergibt. In Frischhaltefolie (Plastikfolie) wickeln und 30 Minuten abkühlen lassen.

Den Teig (Nudeln) auf einer leicht bemehlten Fläche 3 mm dick ausrollen und damit 12 Barquetten (Bootsform) oder Tarteformen auslegen. Mit Backpapier abdecken, mit Backbohnen füllen und im vorgeheizten Backofen bei 190°C/375°F/Gas Stufe 5 10 Minuten backen. Papier und Bohnen entfernen und weitere 5 Minuten goldbraun backen. 5 Minuten in den Formen abkühlen lassen und dann zum Abkühlen auf ein Kuchengitter geben.

Den Käse mit der Milch, dem restlichen Zucker und der Orangenschale glatt rühren. In die Kuchenformen (Kuchenformen)

geben und die Früchte darauf verteilen. Erhitzen Sie die Marmelade und das Wasser in einem kleinen Topf, bis alles gut vermischt ist, und bepinseln Sie dann die Früchte, um sie zu glasieren. Vor dem Servieren abkühlen.

Genuesischer Kuchen

Für einen Kuchen von 23 cm/9

100 g Blätterteig

50 g/2 oz/¼ Tasse Butter oder Margarine, weich

75 g/3 oz/1/3 Tasse Streuzucker (superfeiner) Zucker

75 g Mandeln, gehackt

3 Eier, getrennt

2,5 ml/½ TL Vanilleessenz (Extrakt)

100 g / 4 oz / 1 Tasse einfaches Mehl (Allzweck)

100 g Puderzucker, gesiebt

Saft von ½ Zitrone

Den Teig auf einer leicht bemehlten Fläche ausrollen und eine 23 cm/9 Kuchenform (Backform) auslegen. Mit einer Gabel überall einstechen. Butter oder Margarine und Puderzucker schaumig schlagen. Mandeln, Eigelb und Vanilleessenz nach und nach unterschlagen. Mehl unterheben. Das Eiweiß steif schlagen und dann unter die Masse heben. In die Tarteform (Kuchenform) füllen und im vorgeheizten Backofen bei 190°C/375°F/Gas Stufe 5 30 Minuten backen, 5 Minuten abkühlen lassen. Den Puderzucker mit dem Zitronensaft verrühren und auf dem Tortenboden verteilen.

Ingwerkuchen

Für einen Kuchen von 23 cm/9

225 g / 8 oz / 2/3 Tasse goldener (leichter Mais) Sirup

250 ml/8 fl oz/1 Tasse kochendes Wasser

2,5 ml/½ TL Ingwerpulver

60 ml/4 Esslöffel fein gehackter kristallisierter (kandierter) Ingwer

30 ml/2 EL Speisestärke (Speisestärke)

15 ml/1 EL Puddingpulver

1 einfacher Biskuitkuchenbehälter

Sirup, Wasser und gemahlenen Ingwer zum Kochen bringen, dann den kristallisierten Ingwer einrühren. Speisestärke und Puddingpulver mit wenig Wasser zu einer Paste verrühren, dann in die Ingwermischung rühren und bei schwacher Hitze unter ständigem Rühren einige Minuten köcheln lassen. Die Füllung in die Kuchenform (Form) geben und abkühlen und fest werden lassen.

Marmelade Torten

Macht 12

225 g Mürbeteig

175 g/6 oz/½ Tasse feste oder ganze Fruchtmarmelade (aus der Dose)

Den Teig (Nudeln) ausrollen und mit einer gefetteten Brötchenform (Tortenform) auslegen. Die Marmelade auf die Törtchen verteilen und im vorgeheizten Backofen bei 200°C/400°F/Gas Stufe 6 15 Minuten backen.

Pekannusstorte

Für einen Kuchen von 23 cm/9

225 g Mürbeteig

50 g/2 oz/½ Tasse Pekannüsse

3 Eier

225 g / 8 oz / 2/3 Tasse goldener (leichter Mais) Sirup

75 g/3 oz/1/3 Tasse weicher brauner Zucker

2,5 ml/½ TL Vanilleessenz (Extrakt)

Eine Prise Salz

Den Teig (Nudeln) auf einer leicht bemehlten Arbeitsfläche ausrollen und eine gefettete Tarteform (23 cm/9 cm) auslegen. Mit Backpapier abdecken, mit Backbohnen füllen und im vorgeheizten Ofen bei 190°C/375°F/Gas Stufe 5 10 Minuten blind backen. Entfernen Sie das Papier und die Bohnen.

Ordnen Sie die Pekannüsse in einem schönen Muster in der Tortenform (Kuchenform) an. Die Eier leicht und schaumig schlagen. Den Sirup, dann den Zucker einschlagen und weiter schlagen, bis sich der Zucker aufgelöst hat. Vanilleessenz und Salz dazugeben und glatt rühren. Die Mischung in die Form geben und 10 Minuten im vorgeheizten Backofen backen. Die Ofentemperatur auf 180°C/350°F/Gas Stufe 4 reduzieren und weitere 30 Minuten goldbraun backen. Vor dem Servieren abkühlen und fest werden lassen.

Pekannuss- und Apfelkuchen

Für einen Kuchen von 23 cm/9

2 Eier

350 g/12 oz/1½ Tassen (superfeiner) Streuzucker

50 g/2 oz/½ Tasse einfaches Mehl (Allzweck)

10 ml/2 TL Backpulver

Eine Prise Salz

100 g kochende (scharfe) Äpfel, geschält, entkernt und gewürfelt

100 g / 4 oz / 1 Tasse Pekannüsse oder Walnüsse

150 ml/¼ pt/2/3 Tasse Schlagsahne

Die Eier schlagen, bis sie blass und schaumig sind. Alle anderen Zutaten außer der Sahne nacheinander in der angegebenen Reihenfolge unterrühren. In eine gefettete und mit Backpapier ausgelegte Kuchenform (23 cm/9) geben und im vorgeheizten Backofen bei 160°C/325°F/Gas Stufe 3 ca. 45 Minuten backen, bis sie gut aufgegangen und goldbraun sind. Mit der Sahne servieren.

Gainsborough-Torte

Für einen 20cm/8in Kuchen

25 g/2 EL Butter oder Margarine

2,5 ml/½ TL Backpulver

50 g/2 oz/¼ Tasse Streuzucker (superfeiner) Zucker

100 g / 4 oz / 1 Tasse getrocknete (geschredderte) Kokosnuss

50 g glacé (kandierte) Kirschen, gehackt

2 Eier, geschlagen

Die Butter schmelzen, die restlichen Zutaten untermischen und in eine gefettete und mit Pergament ausgelegte 20 cm/8 Zoll Kuchenform geben. Im vorgeheizten Backofen bei 180°C/350°F/Gas Stufe 4 30 Minuten backen, bis sie sich elastisch anfühlen.

Zitronenkuchen

Für einen 25 cm/10 Zoll Kuchen

225 g Mürbeteig

100 g/4 oz/½ Tasse Butter oder Margarine

4 Eier

Abgeriebene Schale und Saft von 2 Zitronen

100 g/4 oz/½ Tasse (superfeiner) Zucker

250 ml/8 fl oz/1 Tasse doppelte (schwere) Sahne

Minzblätter zum Dekorieren

Den Teig (Nudeln) auf einer leicht bemehlten Fläche ausrollen und eine 25cm/10cm Tarteform auslegen. Den Boden mit einer Gabel einstechen. Mit Pergamentpapier abdecken und mit Backbohnen füllen. Im vorgeheizten Backofen bei 200°C/400°F/Gas Stufe 6 10 Minuten backen. Entfernen Sie das Papier und die Bohnen und kehren Sie für weitere 5 Minuten in den Ofen zurück, bis der Boden trocken ist. Reduzieren Sie die Ofentemperatur auf 160°C/325°F/Gas Stufe 3.

Butter oder Margarine schmelzen und 1 Minute abkühlen lassen. Eier mit Zitronenschale und -saft verquirlen. Butter, Zucker und Sahne unterschlagen. In den Teigboden gießen und 20 Minuten bei reduzierter Temperatur backen. Abkühlen lassen und vor dem Servieren abkühlen lassen, mit Minzblättern dekoriert.

Zitronentorten

Macht 12

225 g/1 Tasse Butter oder Margarine, weich

75 g/3 oz/½ Tasse Puderzucker (Konditoren), gesiebt

175 g/6 oz/1½ Tassen Mehl (Allzweck)

50 g/2 oz/½ Tasse Speisestärke (Maismehl)

5 ml/1 TL abgeriebene Zitronenschale

Für den Belag:

30 ml/2 Esslöffel Lemon Curd

30 ml/2 EL Puderzucker, gesiebt

Alle Zutaten für den Kuchen weich rühren. In einen Spritzbeutel füllen und dekorativ auf 12 Pappförmchen in Brötchenform spritzen. Im vorgeheizten Backofen bei 180°C/350°F/Gas Stufe 4 20 Minuten backen, bis sie leicht goldbraun sind. Etwas abkühlen lassen, dann auf jeden Kuchen einen Löffel Lemon Curd geben und mit Puderzucker bestäuben.

Orangenkuchen

Für einen Kuchen von 23 cm/9

1 einfacher Biskuitkuchenbehälter

400 ml Orangensaft

150 g/5 oz/2/3 Tasse (superfeiner) Streuzucker

30 ml/2 Esslöffel Puddingpulver

15 g/½ oz/1 EL Butter oder Margarine

15 ml/1 EL abgeriebene Orangenschale

Ein paar kandierte Orangenscheiben (optional)

Bereiten Sie die einfache Kuchenform (Form) vor. Mischen Sie während des Kochens 250 ml / 8 fl oz / 1 Tasse Orangensaft mit Zucker, Puddingpulver und Butter oder Margarine. Die Mischung bei schwacher Hitze zum Kochen bringen und leicht köcheln lassen, bis sie transparent und dickflüssig ist. Orangenschale unterrühren. Sobald die Tortenform aus dem Ofen kommt, den restlichen Orangensaft darüber löffeln, die Orangenfüllung in die Torte geben und abkühlen und fest werden lassen. Nach Belieben mit kandierten Orangenscheiben garnieren.

Birne

Für einen 20cm/8in Kuchen

1 Menge Pâte Sucree

Für die Füllung:

150 ml/¼ pt/2/3 Tasse doppelte (schwere) Sahne

2 Eier

50 g/2 oz/¼ Tasse Streuzucker (superfeiner) Zucker

5 Birnen

Für die Glasur:

75 ml/5 EL Johannisbeergelee (klare Konfitüre)

30 ml/2 EL Wasser

Ein Spritzer Zitronensaft

Pâte sucrée ausrollen und eine 20 cm dicke Backform damit auskleiden. Mit Pergamentpapier abdecken, mit Backbohnen füllen und im vorgeheizten Backofen bei 190°C/375°F/Gas Stufe 5 12 Minuten backen. Aus dem Ofen nehmen, Papier und Bohnen entfernen und abkühlen lassen.

Für die Füllung Sahne, Eier und Zucker verrühren. Birnen schälen, entkernen und längs halbieren. Legen Sie sie mit der Schnittfläche nach unten und schneiden Sie fast bis zur Mitte der Birnen, aber lassen Sie sie intakt. In der Kuchenform (Form) anrichten. Über die Sahnemischung gießen und im vorgeheizten Ofen bei 190°C/375°F/Gas Stufe 4 45 Minuten backen, mit Pergamentpapier abdecken, falls die Bräunung vor dem Abbinden der Sahne erfolgt. Abkühlen lassen.

Für die Glasur Gelee, Wasser und Zitronensaft in einem kleinen Topf schmelzen, bis alles vermischt ist. Bürsten Sie die Früchte, während die Glasur heiß ist, und lassen Sie sie fest werden. Noch am selben Tag servieren.

Birnen- und Mandelkuchen

Für einen 20cm/8in Kuchen

Für den Teig (Nudeln):

100 g / 4 oz / 1 Tasse einfaches Mehl (Allzweck)

50 g/2 oz/½ Tasse gemahlene Mandeln

50 g/2 oz/¼ Tasse Streuzucker (superfeiner) Zucker

75 g/3 oz/1/3 Tasse Butter oder Margarine, gewürfelt und aufgeweicht

1 Eigelb

Ein paar Tropfen Mandelessenz (Extrakt)

Für die Füllung:

1 Eigelb

50 g/2 oz/¼ Tasse Streuzucker (superfeiner) Zucker

50 g/2 oz/½ Tasse gemahlene Mandeln

30 ml/2 EL Birnenlikör oder anderer Likör nach Geschmack

3 große Birnen

Für den Pudding:

3 Eier

25 g/1 oz/2 Esslöffel (superfeiner) Streuzucker

300 ml/½ Pt/1¼ Tassen einzelne (leichte) Sahne

Für den Teig Mehl, Mandeln und Zucker in einer Schüssel mischen und in die Mitte eine Mulde drücken. Butter oder Margarine, Eigelb und Vanilleessenz hinzugeben und die Zutaten nach und nach zu einem weichen Teig verkneten. In Frischhaltefolie (Plastikfolie) wickeln und 45 Minuten abkühlen lassen. Auf einer bemehlten Fläche ausrollen und eine gefettete und mit Pergament ausgelegte 20 cm/8 Pieform (Form) auslegen. Mit Backpapier abdecken, mit Backbohnen füllen und im vorgeheizten Backofen bei 200°C/400°F/Gas Stufe 6 15 Minuten blind backen. Entfernen Sie das Papier und die Bohnen.

Für die Füllung Eigelb und Zucker schaumig schlagen. Mandeln und Likör unterrühren und die Mischung in die Tortenform (Kuchenform) geben. Die Birnen schälen, entsteinen, halbieren und mit der flachen Seite nach unten auf die Füllung legen.

Für die Creme die Eier und den Zucker schaumig schlagen. Sahne einrühren. Die Birnen mit der Creme bedecken und im vorgeheizten Ofen bei 180°C/350°F/Gas Stufe 4 ca. 15 Minuten backen, bis die Creme gerade fest geworden ist.

Königlicher Rosinenkuchen

Für einen 20cm/8in Kuchen

Für den Teig (Nudeln):
100 g/4 oz/½ Tasse Butter oder Margarine

225 g/8 oz/2 Tassen einfaches Mehl (Allzweck)

Eine Prise Salz

45 ml/3 EL kaltes Wasser

Für die Füllung:
50 g/2 oz/½ Tasse Kuchenbrösel

175 g/6 oz/1 Tasse Rosinen

1 Eigelb

5 ml/1 TL abgeriebene Zitronenschale

Für den Belag:
225 g/8 oz/11/3 Tassen Puderzucker (Konditoren), gesiebt

1 Eiweiß

5 ml/1 TL Zitronensaft

Beenden:
45 ml/3 EL Johannisbeergelee (klare Konfitüre)

Für den Teig die Butter oder Margarine mit Mehl und Salz verreiben, bis die Mischung Paniermehl ähnelt. Mit so viel kaltem Wasser zu einem Teig verkneten. In Frischhaltefolie (Plastikfolie) wickeln und 30 Minuten abkühlen lassen.

Rollen Sie den Teig aus und legen Sie eine 20cm/8in quadratische Kuchenform (Dose) aus. Die Zutaten für die Füllung mischen und über den Boden geben, sodass die Oberfläche gleichmäßig wird. Die Zutaten für das Topping verquirlen und auf dem Kuchen verteilen. Johannisbeergelee glatt schlagen, dann ein Spaliermuster über den Kuchen spritzen. Im vorgeheizten Backofen bei 190°C/375°F/Gas Stufe 5 30 Minuten backen, dann die Backofentemperatur auf 180°C/350°F/Gas Stufe 4 reduzieren und weitere 10 Minuten backen.

Tarte von Rosinen und Sauerrahm

Für einen Kuchen von 23 cm/9

225 g Mürbeteig

30 ml/2 EL Mehl (Allzweck)

2 Eier, leicht geschlagen

60 ml/4 Esslöffel (feinster) Puderzucker

250 ml/8 fl oz/1 Tasse saure (Milch-saure) Sahne

225 g/11/3 Tassen Rosinen

60 ml / 4 Esslöffel Rum oder Brandy

Ein paar Tropfen Vanilleessenz (Extrakt)

Den Teig (Nudeln) auf einer leicht bemehlten Fläche 5 mm dick ausrollen. Mehl, Eier, Zucker und Sahne mischen und Rosinen, Rum oder Cognac-Vanille-Essenz unterrühren. Die Mischung in die Tarteform geben und im vorgeheizten Ofen bei 200°C/400°F/Gas Stufe 6 für 20 Minuten backen.Die Ofentemperatur auf 180°C/350°F/Gas Stufe 4 reduzieren und weiter backen 5 Minuten, bis es gerade durchgegart ist.

Erdbeerkuchen

Für einen 20cm/8in Kuchen

1 Menge Pâte Sucree

Für die Füllung:

5 Eigelb

175 g/6 oz/¾ Tasse Streuzucker (superfeiner) Zucker

75 g/3 oz/¾ Tasse Speisestärke (Maismehl)

1 Vanilleschote (Bohne)

450 ml/¾ pt/2 Tassen Milch

15 g/½ oz/1 EL Butter oder Margarine

550 g Erdbeeren, halbiert

Für die Glasur:

75 ml/5 EL Johannisbeergelee (klare Konfitüre)

30 ml/2 EL Wasser

Ein Spritzer Zitronensaft

Den Teig (Nudeln) ausrollen und mit einer 20 cm/8 Zoll Backform auslegen. Mit Pergamentpapier abdecken, mit Backbohnen füllen und im vorgeheizten Backofen bei 190°C/375°F/Gas Stufe 5 12 Minuten backen. Aus dem Ofen nehmen, Papier und Bohnen entfernen und abkühlen lassen.

Für die Füllung Eigelb und Zucker schlagen, bis die Masse hell und schaumig ist und sich in Streifen vom Schneebesen löst. Maisstärke unterschlagen. Die Vanilleschote in die Milch geben und zum Kochen bringen. Vanilleschote entfernen. Nach und nach unter die Eiermasse schlagen. Die Mischung in einen sauberen Topf geben und unter ständigem Rühren zum Kochen bringen, dann unter Rühren 3 Minuten kochen. Vom Herd nehmen und Butter oder Margarine einrühren, bis sie geschmolzen ist. Mit gebuttertem Wachspapier abdecken und abkühlen lassen.

Den Pudding in die Kuchenform (Kuchenform) geben und die Erdbeeren schön darauf verteilen. Für die Glasur Gelee, Wasser und Zitronensaft schmelzen, bis alles vermischt ist. Bürsten Sie die Früchte, während die Glasur heiß ist, und lassen Sie sie fest werden. Noch am selben Tag servieren.

Sirupkuchen

Für einen 20cm/8in Kuchen

75 g/3 oz/1/3 Tasse Butter oder Margarine

175 g/6 oz/1½ Tassen Mehl (Allzweck)

15 ml/1 EL (feinster) Streuzucker

1 Eigelb

30 ml/2 EL Wasser

225 g / 8 oz / 2/3 Tasse goldener (leichter Mais) Sirup

50 g/2 oz/1 Tasse frische Semmelbrösel

5 ml/1 TL Zitronensaft

Reiben Sie die Butter oder Margarine in das Mehl, bis die Mischung Paniermehl ähnelt. Zucker einrühren, dann Eigelb und Wasser dazugeben und zu einem Teig (Paste) verrühren. In Frischhaltefolie (Plastikfolie) wickeln und 30 Minuten abkühlen lassen.

Den Teig ausrollen und mit einer 20cm/8in Backform auslegen. Den Sirup erhitzen und mit den Semmelbröseln und dem Zitronensaft vermischen. Die Füllung in die Kuchenform geben und im vorgeheizten Backofen bei 180°C/350°F/Gas Stufe 4 35 Minuten backen, bis sie Blasen wirft.

Walnuss- und Sirupkuchen

Für einen 20cm/8in Kuchen

225 g Mürbeteig

100 g/4 oz/½ Tasse Butter oder Margarine, aufgeweicht

50 g weicher brauner Zucker

2 Eier, geschlagen

175 g/6 oz/½ Tasse goldener Sirup (heller Mais), erwärmt

100 g / 4 oz / 1 Tasse Walnüsse, fein gehackt

Abgeriebene Schale von 1 Zitrone

Saft von ½ Zitrone

Den Teig (Nudeln) ausrollen und eine gefettete Kuchenform (Form) von 20 cm/8 auslegen. Mit Pergamentpapier abdecken, mit Backbohnen füllen und im vorgeheizten Backofen bei 200°C/400°F/Gas Stufe 6 10 Minuten backen. Aus dem Ofen nehmen und das Papier und die Bohnen entfernen. Die Ofentemperatur auf 180°C/350°F/Gas Stufe 4 reduzieren.

Butter oder Margarine und Zucker schaumig schlagen. Eier nach und nach unterschlagen und Sirup, Walnüsse, Zitronenschale und -saft unterrühren. In die Tarteform (Tortenform) geben und 45 Minuten im Ofen backen, bis sie gebräunt und knusprig sind.

Amish Shoo-Fly Pie

Macht einen 9" x 12" Kuchen

225 g/1 Tasse Butter oder Margarine, weich

225 g/8 oz/2 Tassen einfaches Mehl (Allzweck)

225 g / 8 oz / 2 Tassen Vollkornmehl (Vollkornmehl).

450 g weicher brauner Zucker

350 g/12 oz/1 Tasse schwarzer Sirup (Melasse)

10 ml/2 TL Bicarbonat (Backpulver)

450 ml/¾ pt/2 Tassen kochendes Wasser

Reiben Sie die Butter oder Margarine in das Mehl, bis die Mischung Paniermehl ähnelt. Zucker einrühren. 100 g/1 Tasse der Mischung für das Topping zurückbehalten. Sirup, Natron und Wasser mischen und unter die Mehlmischung rühren, bis die trockenen Zutaten eingearbeitet sind. In eine gefettete und bemehlte 23 x 30 cm/9 x 12 in Kuchenform (Pfanne) geben und mit der zurückbehaltenen Mischung bestreuen. Im vorgeheizten Backofen bei 180°C/350°F/Gas Stufe 4 35 Minuten backen, bis ein in die Mitte gesteckter Spieß sauber herauskommt. Heiß servieren.

Boston Vanillepuddingstück

Ergibt einen 23 cm/9 Zoll großen Kuchen

100 g/4 oz/½ Tasse Butter oder Margarine, aufgeweicht

225 g/8 oz/1 Tasse (superfeiner) Zucker

2 Eier, leicht geschlagen

2,5 ml/½ TL Vanilleessenz (Extrakt)

175 g/6 oz/1½ Tassen selbstaufgehendes Mehl

5 ml/1 TL Backpulver

Eine Prise Salz

60 ml / 4 Esslöffel Milch

Custard Füllung

Butter oder Margarine und Zucker schaumig schlagen. Die Eier und die Vanilleessenz nach und nach hinzufügen und nach jeder Zugabe gut schlagen. Mehl, Backpulver und Salz mischen und abwechselnd mit der Milch zur Masse geben. In eine gefettete und bemehlte Kuchenform (23 cm/9) geben und im vorgeheizten Ofen bei 180°C/350°F/Gas Stufe 4 30 Minuten backen, bis sie sich fest anfühlt. Wenn der Kuchen abgekühlt ist, schneiden Sie ihn horizontal und legen Sie die beiden Hälften zusammen mit der Puddingfüllung zusammen.

American White Mountain Cake

Ergibt einen 23 cm/9 Zoll großen Kuchen

225 g/1 Tasse Butter oder Margarine, weich

450 g/1 lb/2 Tassen (superfeiner) Streuzucker

3 Eier, leicht geschlagen

350 g/12 oz/3 Tassen selbsttreibendes Mehl

15 ml/1 EL Backpulver

1,5 ml/¼ TL Salz

250 ml/8 fl oz/1 Tasse Milch

5 ml/1 TL Vanilleessenz (Extrakt)

5 ml/1 TL Mandelessenz (Extrakt)

Für die Zitronenfüllung:

45 ml/3 EL Speisestärke (Speisestärke)

75 g/3 oz/1/3 Tasse Streuzucker (superfeiner) Zucker

1,5 ml/¼ TL Salz

300 ml/½ Pt/1¼ Tassen Milch

25 g/2 EL Butter oder Margarine

90 ml/6 EL Zitronensaft

5 ml/1 TL abgeriebene Zitronenschale

Für die Glasur:

350 g/12 oz/1½ Tassen (superfeiner) Streuzucker

Eine Prise Salz

2 Eiweiß

75 ml/5 EL kaltes Wasser

15 ml/1 EL goldener (heller Mais) Sirup

5 ml/1 TL Vanilleessenz (Extrakt)

175 g/6 oz/1½ Tassen getrocknete (geschredderte) Kokosnuss

Butter oder Margarine und Zucker schaumig schlagen. Die Eier nach und nach unterschlagen. Mehl, Backpulver und Salz mischen und abwechselnd mit der Milch und den Essenzen zur Sahnemasse geben. Die Mischung in drei gefettete 23 cm/9 Linien Kuchenformen (Pfannen) geben und im vorgeheizten Ofen bei 180 °C/350 °F/Gas Stufe 4 30 Minuten lang backen, bis ein in die Mitte gesteckter Spieß sauber herauskommt. Abkühlen lassen.

Für die Füllung Maismehl, Zucker und Salz mischen und mit der Milch verquirlen. Die Butter oder Margarine in Stücken dazugeben und bei schwacher Hitze ca. 2 Minuten schlagen, bis eine dickflüssige Masse entsteht. Zitronensaft und -schale unterrühren. Abkühlen und abkühlen lassen.

Für die Glasur alle Zutaten außer Vanilleessenz und Kokosnuss in einer hitzebeständigen Schüssel mischen, die über einem Topf mit leicht siedendem Wasser steht. Etwa 5 Minuten steif schlagen. Vanilleessenz einrühren und weitere 2 Minuten schlagen.

Zum Zusammensetzen des Kuchens den Bodenbelag mit der Hälfte der Zitronenfüllung bestreichen und mit 25 g Kokosnuss bestreuen. Wiederholen Sie dies mit der zweiten Schicht. Das Frosting auf der Oberseite und den Seiten des Kuchens verteilen und mit der restlichen Kokosnuss bestreuen.

Amerikanischer Buttermilchkuchen

Ergibt einen 23 cm/9 Zoll großen Kuchen

100 g/4 oz/½ Tasse Butter oder Margarine, aufgeweicht

225 g/8 oz/1 Tasse (superfeiner) Zucker

2 Eier, leicht geschlagen

5 ml/1 TL abgeriebene Zitronenschale

5 ml/1 TL Vanilleessenz (Extrakt)

225 g / 8 oz / 2 Tassen selbstaufgehendes (selbstaufgehendes) Mehl

5 ml/1 TL Backpulver

5 ml/1 TL Bicarbonat (Backpulver)

Eine Prise Salz

250 ml/8 fl oz/1 Tasse Buttermilch

Zitronenfüllung

Butter oder Margarine und Zucker schaumig schlagen. Eier nach und nach unterschlagen, dann Zitronenschale und Vanilleessenz unterrühren. Mehl, Backpulver, Natron und Salz mischen und abwechselnd mit der Buttermilch unter die Masse rühren. Gut schlagen, bis es glatt ist. Die Mischung in zwei gefettete und bemehlte 23 cm/9 Kuchenformen (Pfannen) geben und im vorgeheizten Ofen bei 180 °C/350 °F/Gas Stufe 4 25 Minuten lang backen, bis sie sich fest anfühlt. 5 Minuten in den Formen abkühlen lassen, bevor sie zum Abkühlen auf ein Gitter gelegt werden. Nach dem Abkühlen mit der Zitronenfüllung sandwichen.

Karibischer Ingwer-Rum-Kuchen

Ergibt einen 20 cm/8 Zoll großen Kuchen

50 g Butter oder Margarine

120 ml/4 fl oz/½ Tasse schwarzer Sirup (Melasse)

1 Ei, leicht geschlagen

60 ml/4 Esslöffel Rum

100 g / 4 oz / 1 Tasse selbstaufgehendes (selbstaufgehendes) Mehl

10 ml/2 TL Ingwerpulver

75 g/3 oz/1/3 Tasse weicher brauner Zucker

25 g kristallisierter (kandierter) Ingwer, gehackt

Butter oder Margarine mit dem Melassesirup bei schwacher Hitze schmelzen und leicht abkühlen lassen. Mit den restlichen Zutaten glatt rühren. In eine gefettete und mit Pergament ausgelegte 20 cm/8 Zoll Backform geben und im vorgeheizten Ofen bei 200°C/400°F/Gas Stufe 6 20 Minuten backen, bis sie gut aufgegangen sind und sich fest anfühlen.

Sachertorte

Ergibt einen 20 cm/8 Zoll großen Kuchen

200 g/7 oz/1¾ Tassen dunkle (halbsüße) Schokolade

8 Eier, getrennt

100 g ungesalzene (süße) Butter, geschmolzen

2 Eiweiß

Eine Prise Salz

150 g /5 oz/2/3 Tasse (superfeiner) Zucker

Ein paar Tropfen Vanilleessenz (Extrakt)

100 g / 4 oz / 1 Tasse einfaches Mehl (Allzweck)

Für die Glasur (Glasur):

150 g/5 oz/1¼ Tassen dunkle (halbbittere) Schokolade

250 ml/8 fl oz/1 Tasse einzelne (leichte) Sahne

175 g/6 oz/¾ Tasse Streuzucker (superfeiner) Zucker

Ein paar Tropfen Vanilleessenz (Extrakt)

1 Ei, geschlagen

100 g/1/3 Tasse Aprikosenmarmelade (konserviert), passiert (abgetropft)

Die Schokolade in einer hitzebeständigen Schüssel über einem Topf mit leicht siedendem Wasser schmelzen. Vom Herd nehmen. Die Eigelbe mit der Butter leicht schlagen und unter die geschmolzene Schokolade rühren. Alle Eiweiße und Salz steif schlagen, dann Zucker und Vanilleessenz nach und nach zugeben und weiter schlagen, bis die Masse steife Spitzen bildet. Diese nach und nach unter die Schokoladenmasse heben und dann das Mehl unterheben. Die Mischung in zwei gefettete und ausgelegte 20 cm/8 Zoll Kuchenformen geben und im vorgeheizten Ofen bei 180 °C/350 °F/Gas Stufe 4 45 Minuten lang backen, bis ein in die Mitte gesteckter Spieß sauber herauskommt. Auf ein Kuchengitter geben und abkühlen lassen.

Für die Glasur die Schokolade mit der Sahne, dem Zucker und dem Vanillearoma bei mittlerer Hitze schmelzen, bis alles gut vermischt ist, und 5 Minuten ohne Rühren köcheln lassen. Einige Löffel der Schokoladenmischung mit dem Ei verrühren, dann die Schokolade einrühren und unter Rühren 1 Minute kochen. Vom Herd nehmen und auf Raumtemperatur abkühlen lassen.

Sandwich die Kuchen zusammen mit der Aprikosenmarmelade. Bedecken Sie den gesamten Kuchen mit der Schokoladenglasur und glätten Sie die Oberfläche mit einem Spachtel oder Spachtel. Abkühlen lassen und dann für ein paar Stunden in den Kühlschrank stellen, bis die Glasur aushärtet.

Karibischer Rum-Obstkuchen

Ergibt einen 20 cm/8 Zoll großen Kuchen

450 g/1 lb/2 2/3 Tassen getrocknete gemischte Früchte (Obstkuchenmischung)

225 g / 8 oz / 1 1/3 Tassen Sultaninen (goldene Rosinen)

100 g Rosinen

100 g Johannisbeeren

50 g glacé (kandierte) Kirschen

300 ml/½ Pt/1¼ Tassen Rotwein

225 g/1 Tasse Butter oder Margarine, weich

225 g/8 oz/1 Tasse weicher brauner Zucker

5 Eier, leicht geschlagen

10 ml/2 TL schwarzer Sirup (Melasse)

225 g/8 oz/2 Tassen einfaches Mehl (Allzweck)

50 g/2 oz/½ Tasse gemahlene Mandeln

5 ml/1 TL gemahlener Zimt

5 ml/1 TL geriebene Muskatnuss

5 ml/1 TL Vanilleessenz (Extrakt)

300 ml/½ Pt/1¼ Tassen Rum

Alles Obst und Wein in einen Topf geben und zum Kochen bringen. Hitze reduzieren, abdecken und 15 Minuten stehen lassen, dann vom Herd nehmen und abkühlen lassen. Butter oder Margarine und Zucker schaumig schlagen, dann Eier und Sirup nach und nach unterheben. Die trockenen Zutaten unterheben. Fruchtmischung, Vanilleessenz und 45 ml/3 EL Rum unterrühren. In eine gefettete und mit Pergament ausgelegte Kuchenform (20 cm/8 Zoll) geben und im vorgeheizten Ofen bei 160°C/325°F/Gas Stufe 3 3 Stunden backen, bis sie gut aufgegangen sind und ein in die Mitte gesteckter Spieß sauber herauskommt. 10 Minuten in der Form abkühlen lassen und dann zum Abkühlen auf ein Kuchengitter geben. Mit einem feinen Spieß die Oberseite des Kuchens einstechen und den restlichen Rum darüber löffeln. In Folie wickeln und so lange wie möglich reifen lassen.

Dänischer Butterkuchen

Ergibt einen 23 cm/9 Zoll großen Kuchen

225 g/8 oz/1 Tasse Butter oder Margarine, gewürfelt

175 g/6 oz/1½ Tassen Mehl (Allzweck)

40 g/1½ oz Frischhefe oder 60 ml/4 Esslöffel Trockenhefe

15 ml/1 EL Kristallzucker

1 Ei, geschlagen

½ Menge dänische Puddingfüllung

60 ml/4 EL Puderzucker, gesiebt

45 ml/3 EL Johannisbeeren

100 g Butter oder Margarine in das Mehl einreiben. Hefe und Kristallzucker verrühren, mit dem Ei zum Mehl und Butter geben und zu einem glatten Teig verrühren. Zugedeckt an einem warmen Ort etwa 1 Stunde gehen lassen, bis sich das Volumen verdoppelt hat.

Auf eine bemehlte Fläche geben und gut durchkneten. Ein Drittel des Teigs ausrollen und den Boden einer gefetteten 23 cm/9 Zoll Kuchenform mit losem Boden auslegen. Die Puddingfüllung auf dem Teig verteilen.

Den restlichen Teig zu einem etwa 5 mm dicken Rechteck ausrollen. Die restliche Butter oder Margarine mit dem Puderzucker verrühren und die Johannisbeeren unterrühren. Auf dem Teig verteilen, dabei an den Rändern eine Lücke lassen und von der kurzen Seite her aufrollen. In Scheiben schneiden und über der Puddingfüllung verteilen. Zugedeckt an einem warmen Ort etwa 1 Stunde gehen lassen. Im vorgeheizten Backofen bei 230°C/450°F/Gas Stufe 8 25-30 Minuten backen, bis sie gut aufgegangen und goldbraun sind.

Dänischer Kardamomkuchen

Ergibt einen Kuchen mit 900 g/2 lb

225 g/1 Tasse Butter oder Margarine, weich

225 g/8 oz/1 Tasse (superfeiner) Zucker

3 Eier

350 g/12 Unzen/3 Tassen einfaches Mehl

10 ml/2 TL Backpulver

10 Kardamomsamen, gemahlen

150 ml/¼ pt/2/3 Tasse Milch

45 ml/3 EL Rosinen

45 ml/3 EL gehackte gemischte (kandierte) Schale

Butter oder Margarine und Zucker schaumig schlagen. Fügen Sie die Eier nach und nach hinzu und schlagen Sie nach jeder Zugabe gut. Mehl, Backpulver und Kardamom unterheben. Milch, Rosinen und gemischte Schale nach und nach unterrühren. In eine gefettete und ausgekleidete 900-g-Kastenform füllen und im vorgeheizten Ofen bei 190 °C/375 °F/Gas Stufe 5 50 Minuten backen, bis ein in die Mitte gesteckter Spieß sauber herauskommt.

Torte Pithiviers

Ergibt einen 25 cm/10 Zoll großen Kuchen

100 g/4 oz/½ Tasse Butter oder Margarine, aufgeweicht

100 g/4 oz/½ Tasse (superfeiner) Zucker

1 Ei

1 Eigelb

100 g / 4 oz / 1 Tasse gemahlene Mandeln

30 ml/2 EL Rum

400 g Blätterteig

> Für die Glasur:

1 Ei, geschlagen

30 ml/2 EL Puderzucker (Puderzucker)

Butter oder Margarine und Zucker schaumig schlagen. Ei und Eigelb unterschlagen, dann Mandeln und Rum unterschlagen. Die Hälfte des Teigs (Nudeln) auf einer leicht bemehlten Fläche ausrollen und 23 cm/9 Kreise ausstechen. Auf ein angefeuchtetes Backblech (Kekse) legen und die Füllung bis auf 1 cm Rand auf dem Teig verteilen. Restlichen Teig ausrollen und in 25 cm/10 Kreise schneiden. Schneiden Sie einen 1 cm/½ Ring von der Kante dieses Kreises ab. Den Rand des Teigbodens mit Wasser bepinseln und den Ring durch leichtes Drücken um den Rand drücken. Mit Wasser bepinseln und den zweiten Kreis darüber drücken, dabei die Ränder geschlossen halten. Die Ränder versiegeln und pfeifen. Die Oberseite mit geschlagenem Ei bestreichen, dann mit einer Messerklinge ein Muster aus radialen Schnitten auf der Oberseite markieren. Im vorgeheizten Backofen bei 220°C/425°F/Gas Stufe 7 30 Minuten backen, bis sie aufgegangen und goldbraun sind. Den Puderzucker darübersieben und für weitere 5 Minuten in den Ofen stellen, bis er glänzt. Heiß oder kalt servieren.

Galette des rois

Ergibt einen 18 cm/7 Zoll großen Kuchen

250 g/9 oz/2¼ Tassen einfaches Mehl (Allzweck)

5 ml/1 TL Salz

200 g/7 oz/Scan 1 Tasse ungesalzene (süße) Butter, gewürfelt

175 ml/6 fl oz/¾ Tasse Wasser

1 Ei

1 Eiweiß

Mehl und Salz in eine Schüssel geben und in die Mitte eine Mulde drücken. 75 g/1/3 Tasse Butter, das Wasser und das ganze Ei hinzufügen und zu einem weichen Teig verrühren. Abdecken und 30 Minuten stehen lassen.

Den Teig auf einer leicht bemehlten Fläche zu einem langen Rechteck ausrollen. Zwei Drittel des Teigs mit einem Drittel der restlichen Butter bestreichen. Den unbedeckten Teig über die Butter klappen und den restlichen Teig darüber klappen. Die Ränder schließen und 10 Minuten abkühlen lassen. Den Teig erneut ausrollen und mit der Hälfte der restlichen Butter wiederholen. Abkühlen, ausrollen und die restliche Butter beigeben, die letzten 10 Minuten abkühlen lassen.

Den Teig zu einem 2,5 cm/1 dicken Kreis mit einem Durchmesser von etwa 18 cm/7 ausrollen. Auf ein gefettetes Backblech legen, mit Eiweiß bestreichen und 15 Minuten ruhen lassen. Im vorgeheizten Backofen bei 180°C/350°F/Gas Stufe 4 15 Minuten backen, bis sie gut aufgegangen und goldbraun sind.

Creme Karamell

Ergibt einen 15 cm/6 Zoll großen Kuchen

Für das Karamell:

100 g/4 oz/½ Tasse (superfeiner) Zucker

150 ml/¼ pt/2/3 Tasse Wasser

Für den Pudding:

600 ml/1 Pt/2½ Tassen Milch

4 Eier, leicht geschlagen

15 ml/1 EL (feinster) Streuzucker

1 Orange

Für das Karamell Zucker und Wasser in einen Topf geben und bei schwacher Hitze auflösen. Zum Kochen bringen und ohne Rühren ca. 10 Minuten köcheln lassen, bis der Sirup satt goldbraun ist. In eine Auflaufform 15 cm/6 cm gießen und die Form kippen, sodass der Karamell über den Boden fließt.

Für die Creme die Milch erhitzen, zu den Eiern und dem Zucker geben und gut schlagen. In die Schüssel gießen. Stellen Sie die Form in eine Backform (Pfanne) mit heißem Wasser auf halber Höhe der Seiten der Form. Im vorgeheizten Backofen bei 170°C/325°F/Gas Stufe 3 1 Stunde backen, bis sie gar sind. Abkühlen lassen, bevor Sie es auf eine Servierplatte geben. Die Orange schälen und waagerecht in Scheiben schneiden, jede Scheibe halbieren. Zum Dekorieren um das Karamell herum anrichten.

Gugelhopf

Ergibt einen 20 cm/8 Zoll großen Kuchen

25 g / 1 oz Frischhefe oder 40 ml / 2½ EL Trockenhefe

120 ml/4 fl oz/½ Tasse warme Milch

100 g Rosinen

15 ml/1 EL Rum

450 g/1 lb/4 Tassen starkes einfaches (Brot-)Mehl

5 ml/1 TL Salz

Eine Prise geriebene Muskatnuss

100 g/4 oz/½ Tasse (superfeiner) Zucker

Abgeriebene Schale von 1 Zitrone

175 g/6 oz/¾ Tasse Butter oder Margarine, aufgeweicht

3 Eier

100 g / 1 Tasse blanchierte Mandeln

Puderzucker zum Bestäuben

Die Hefe mit etwas warmer Milch verrühren und 20 Minuten an einem warmen Ort aufschäumen lassen. Die Rosinen in eine Schüssel geben, mit dem Rum bestreuen und einweichen lassen. Mehl, Salz und Muskatnuss in eine Schüssel geben und Zucker und Zitronenschale unterrühren. In die Mitte eine Mulde drücken, Hefemischung, restliche Milch, Butter oder Margarine und Eier hineingeben und zu einem Teig verkneten. In eine geölte Schüssel geben, mit geölter Frischhaltefolie (Plastikfolie) abdecken und an einem warmen Ort 1 Stunde gehen lassen, bis sich das Volumen verdoppelt hat. Eine 20 cm Gugelhopfform (Rippenform) großzügig buttern und die Mandeln auf dem Boden verteilen. Rosinen und Rum in den aufgegangenen Teig kneten und gut vermischen. Gießen Sie die Mischung in die Form Zugedeckt an einem warmen Ort 40 Minuten gehen lassen, bis sich der Teig fast verdoppelt hat und den Rand der Form erreicht. Im vorgeheizten Backofen bei 200°C/400°F/Gas Stufe 6 45 Minuten backen oder bis ein in die Mitte gesteckter Spieß sauber herauskommt. Decken Sie den Kuchen gegen Ende der Backzeit mit einer doppelten Lage Backpapier ab, falls der Kuchen zu braun wird. Umdrehen und abkühlen lassen, mit Puderzucker bestreuen.

Luxus-Schokoladen-Gugelhopf

Ergibt einen 20 cm/8 Zoll großen Kuchen

25 g/1 oz Frischhefe oder 40 ml/2½ Esslöffel Trockenhefe

120 ml/4 fl oz/½ Tasse warme Milch

50 g Rosinen

50 g Johannisbeeren

25 g/1 oz/3 EL gehackte gemischte (kandierte) Schale

15 ml/1 EL Rum

450 g/1 lb/4 Tassen starkes einfaches (Brot-)Mehl

5 ml/1 TL Salz

5 ml/1 TL gemahlener Piment

Eine Prise gemahlener Ingwer

100 g/4 oz/½ Tasse (superfeiner) Zucker

Abgeriebene Schale von 1 Zitrone

175 g/6 oz/¾ Tasse Butter oder Margarine, aufgeweicht

3 Eier

Für den Belag:

60ml/4EL Aprikosenmarmelade (eingemacht), passiert (abgetropft)

30 ml/2 EL Wasser

100 g/4 oz/1 Tasse dunkle (halbbittere) Schokolade

50 g/2 oz/½ Tasse Mandelsplitter, geröstet

Die Hefe mit etwas warmer Milch verrühren und 20 Minuten an einem warmen Ort aufschäumen lassen. Rosinen, Johannisbeeren und gemischte Schale in eine Schüssel geben, mit dem Rum bestreuen und einweichen lassen. Mehl, Salz und Gewürze in eine

Schüssel geben und Zucker und Zitronenschale unterrühren. In die Mitte eine Mulde drücken, Hefemischung, restliche Milch und Eier hineingeben und zu einem Teig verkneten. In eine geölte Schüssel geben, mit geölter Frischhaltefolie (Plastikfolie) abdecken und an einem warmen Ort 1 Stunde gehen lassen, bis sich das Volumen verdoppelt hat. Obst und Rum in den aufgegangenen Teig kneten und gut vermischen. Die Masse in eine gut gebutterte Gugelhopfform (20 cm/8 Zoll) füllen, abdecken und an einem warmen Ort 40 Minuten gehen lassen, bis sich der Teig fast verdoppelt hat und den Rand der Form erreicht hat. Im vorgeheizten Backofen bei 200°C/400°F/Gas Stufe 6 45 Minuten backen oder bis ein in die Mitte gesteckter Spieß sauber herauskommt. Gegen Ende der Backzeit mit einer doppelten Lage Backpapier abdecken, falls der Kuchen zu braun wird. Umdrehen und abkühlen lassen.

Die Marmelade mit dem Wasser erhitzen und gut verrühren. Den Kuchen damit bepinseln. Die Schokolade in einer hitzebeständigen Schüssel über einem Topf mit leicht siedendem Wasser schmelzen. Auf dem Kuchen verteilen und die Mandelblättchen um den Boden drücken, bevor die Schokolade aushärtet.

verfestigen

Für drei Kuchen mit 350 g/12 oz

15 g/½ oz Frischhefe oder 20 ml/4 TL Trockenhefe

15 ml/1 EL (feinster) Streuzucker

120 ml/4 fl oz/½ Tasse warmes Wasser

25 g/1 oz/¼ Tasse starkes einfaches (Brot-)Mehl

Für den Fruchtteig:

450 g/1 lb/4 Tassen starkes einfaches (Brot-)Mehl

5 ml/1 TL Salz

75 g Demerara-Zucker

1 Ei, leicht geschlagen

225 g/11/3 Tassen Rosinen

30 ml/2 EL Rum

50 g/2 oz/1/3 Tasse gehackte gemischte (kandierte) Schale

50 g/2 oz/½ Tasse gemahlene Mandeln

5 ml/1 TL gemahlener Zimt

100 g/4 oz/½ Tasse Butter oder Margarine, geschmolzen

175 g Mandelpaste

Für die Glasur:

1 Ei, leicht geschlagen

75 g/3 oz/1/3 Tasse Streuzucker (superfeiner) Zucker

90 ml/6 EL Wasser

50 g/2 oz/½ Tasse gesplitterte (gesplitterte) Mandeln

Puderzucker zum Bestäuben

Für die Hefemischung Hefe und Zucker mit warmem Wasser und Mehl zu einer Paste verrühren. An einem warmen Ort 20 Minuten schaumig gehen lassen.

Für die Fruchtpaste Mehl und Salz in eine Schüssel geben, Zucker einrühren und in die Mitte eine Mulde drücken. Das Ei mit der Hefemischung dazugeben und zu einem glatten Teig verrühren. Rosinen, Rum, gemischte Schale, gemahlene Mandeln und Zimt hinzufügen und kneten, bis alles gut vermischt und glatt ist. In eine geölte Schüssel geben, mit geölter Frischhaltefolie (Plastikfolie) abdecken und 30 Minuten an einem warmen Ort gehen lassen.

Den Teig dritteln und zu etwa 1 cm dicken Rechtecken ausrollen. Die Butter darüber streichen. Das Mandelmus dreiteilen und zu Würstchen rollen. Legen Sie einen in die Mitte jedes Rechtecks und falten Sie den Teig darüber. Mit der Naht nach unten umdrehen und auf ein gefettetes Backblech (Kekse) legen. Mit Ei bestreichen, mit geölter Frischhaltefolie (Plastikfolie) abdecken und an einem warmen Ort 40 Minuten gehen lassen, bis sich das Volumen verdoppelt hat.

Im vorgeheizten Backofen bei 220°C/425°F/Gas Stufe 7 30 Minuten goldbraun backen.

In der Zwischenzeit den Zucker mit dem Wasser 3 Minuten kochen, bis ein dickflüssiger Sirup entsteht. Die Oberseite jedes Stollens mit dem Sirup bestreichen und mit Mandelblättchen und Puderzucker bestreuen.

Mandelstollen

Ergibt zwei Brote mit 450 g/1 lb

15 g/½ oz Frischhefe oder 20 ml/4 TL Trockenhefe

50 g/2 oz/¼ Tasse Streuzucker (superfeiner) Zucker

300 ml/½ Pt/1¼ Tassen warme Milch

1 Ei

Abgeriebene Schale von 1 Zitrone

Eine Prise geriebene Muskatnuss

450 g Mehl (Allzweckmehl)

Eine Prise Salz

100 g / 4 oz / 2/3 Tasse gehackte gemischte (kandierte) Schale

175 g/6 oz/1½ Tassen Mandeln, gehackt

50 g/2 oz/¼ Tasse Butter oder Margarine, geschmolzen

75 g/3 oz/½ Tasse Puderzucker, gesiebt, zum Bestäuben

Hefe mit 5 ml/1 TL Zucker und etwas warmer Milch verrühren und 20 Minuten an einem warmen Ort aufschäumen lassen. Das Ei mit dem restlichen Zucker, der Zitronenschale und der Muskatnuss verquirlen, dann die Hefemischung mit dem Mehl, Salz und der restlichen warmen Milch unterschlagen und zu einem weichen Teig verrühren. In eine geölte Schüssel geben, mit geölter Frischhaltefolie (Plastikfolie) abdecken und 30 Minuten an einem warmen Ort gehen lassen.

Die gemischten Schalen und Mandeln unterkneten, wieder zudecken und an einem warmen Ort 30 Minuten gehen lassen, bis sich das Volumen verdoppelt hat.

Den Teig in zwei Hälften teilen. Rollen Sie eine Hälfte in eine 30 cm/12 Wurstform. Drücken Sie das Nudelholz in die Mitte, um einen Dip zu erzeugen, dann falten Sie eine Seite der Länge nach und drücken Sie leicht. Wiederholen Sie dies mit der anderen Hälfte. Beides auf ein gefettetes und mit Backpapier ausgelegtes Backblech legen, mit geölter Frischhaltefolie (Plastikfolie) abdecken und an einem warmen Ort 25 Minuten gehen lassen, bis sich das Volumen verdoppelt hat. Im vorgeheizten Backofen bei 200°C/400°F/Gas Stufe 6 1 Stunde backen, bis sie goldbraun sind und ein in die Mitte gesteckter Spieß sauber herauskommt. Die warmen Brote großzügig mit der geschmolzenen Butter bestreichen und mit Puderzucker bestreuen.

Pistazien-Nuss-Stollen

Ergibt zwei Brote mit 450 g/1 lb

15 g/½ oz Frischhefe oder 20 ml/4 TL Trockenhefe

50 g/2 oz/¼ Tasse Streuzucker (superfeiner) Zucker

300 ml/½ Pt/1¼ Tassen warme Milch

1 Ei

Abgeriebene Schale von 1 Zitrone

Eine Prise geriebene Muskatnuss

450 g Mehl (Allzweckmehl)

Eine Prise Salz

100 g / 4 oz / 2/3 Tasse gehackte gemischte (kandierte) Schale

100 g / 4 oz / 1 Tasse Pistazien, gehackt

100 g Mandelpaste

15 ml/1 EL Maraschino-Likör

50 g/2 oz/1/3 Tasse Puderzucker, gesiebt

Für den Belag:

50 g/2 oz/¼ Tasse Butter oder Margarine, geschmolzen

75 g/3 oz/½ Tasse Puderzucker, gesiebt, zum Bestäuben

Hefe mit 5 ml/1 TL Zucker und etwas warmer Milch verrühren und 20 Minuten an einem warmen Ort aufschäumen lassen. Das Ei mit dem restlichen Zucker, der Zitronenschale und der Muskatnuss verquirlen, dann die Hefemischung mit dem Mehl, Salz und der restlichen warmen Milch unterschlagen und zu einem weichen Teig verrühren. In eine geölte Schüssel geben, mit geölter Frischhaltefolie (Plastikfolie) abdecken und 30 Minuten an einem warmen Ort gehen lassen.

Die gemischten Schalen und Pistazien unterkneten, wieder zudecken und an einem warmen Ort 30 Minuten gehen lassen, bis sich das Volumen verdoppelt hat. Mandelmus, Likör und Puderzucker zu einer Paste mahlen, 1 cm dick ausrollen und in Würfel schneiden. In den Teig einarbeiten, damit die Würfel ganz bleiben.

Den Teig in zwei Hälften teilen. Rollen Sie eine Hälfte in eine 30 cm/12 Wurstform. Drücken Sie das Nudelholz in die Mitte, um einen Dip zu erzeugen, dann falten Sie eine Seite der Länge nach und drücken Sie leicht. Wiederholen Sie dies mit der zweiten Hälfte. Beides auf ein gefettetes und mit Backpapier ausgelegtes Backblech legen, mit geölter Frischhaltefolie (Plastikfolie) abdecken und an einem warmen Ort 25 Minuten gehen lassen, bis sich das Volumen verdoppelt hat. Im vorgeheizten Backofen bei 200°C/400°F/Gas Stufe 6 1 Stunde backen, bis sie goldbraun sind und ein in die Mitte gesteckter Spieß sauber herauskommt. Die warmen Brote großzügig mit der geschmolzenen Butter bestreichen und mit Puderzucker bestäuben.

Baklava

Macht 24

450 g/1 lb/2 Tassen (superfeiner) Streuzucker

300 ml/½ pt/1¼ Tassen Wasser

5 ml/1 TL Zitronensaft

30 ml/2 EL Rosenwasser

350 g ungesalzene (süße) Butter, geschmolzen

450 g Blätterteig (Nudeln)

675 g Mandeln, fein gehackt

Für den Sirup den Zucker im Wasser bei schwacher Hitze auflösen und gelegentlich umrühren. Den Zitronensaft hinzugeben und zum Kochen bringen. 10 Minuten kochen, bis es sirupartig ist, dann das Rosenwasser hinzufügen und abkühlen lassen, dann abkühlen.

Eine große Bratpfanne mit geschmolzener Butter auspinseln. Die Hälfte der Filoblätter in die Form legen und jedes mit Butter bestreichen. Falten Sie die Ränder nach oben, um die Füllung zu halten. Die Mandeln darüber streuen. Den restlichen Teig weiter bedecken und jedes Blatt mit geschmolzener Butter bestreichen. Die Oberseite großzügig mit Butter bestreichen. Den Teig in etwa 5 cm breite Rauten schneiden. Im vorgeheizten Backofen bei 180°C/350°F/Gas Stufe 4 25 Minuten backen, bis sie knusprig und goldbraun sind. Den kühlen Sirup darüber gießen und abkühlen lassen.

Ungarischer Stresselwirbel

Macht 16

25 g / 1 oz Frischhefe oder 40 ml / 2½ EL Trockenhefe

15 ml/1 EL weicher brauner Zucker

300 ml/½ Pt/1¼ Tassen warmes Wasser

15 ml/1 EL Butter oder Margarine

450 g / 4 Tassen Vollkorn (Vollkorn) Mehl

15 ml/1 EL Milchpulver (Magermilchpulver)

5 ml/1 TL gemahlene Gewürzmischung (Apfelkuchen).

2,5 ml/½ TL Salz

1 Ei

175 g/6 oz/1 Tasse Johannisbeeren

100 g Sultaninen (goldene Rosinen)

50 g Rosinen

50 g/2 oz/1/3 Tasse gehackte gemischte (kandierte) Schale

Für den Belag:

75 g/3 oz/¾ Tasse Vollkornmehl

50 g/2 oz/¼ Tasse Butter oder Margarine, geschmolzen

75 g/3 oz/1/3 Tasse weicher brauner Zucker

25 g/1 oz/¼ Tasse Sesamsamen

Für die Füllung:

50 g weicher brauner Zucker

50 g/2 oz/¼ Tasse Butter oder Margarine, weich

50 g/2 oz/½ Tasse gemahlene Mandeln

2,5 ml/½ TL geriebene Muskatnuss

25 g/2 oz/1/3 Tasse entsteinte (entsteinte) Pflaumen, gehackt

1 Ei, geschlagen

Hefe und Zucker mit etwas warmem Wasser verrühren und 10 Minuten an einem warmen Ort aufschäumen lassen. Butter oder Margarine in das Mehl einreiben, Milchpulver, Gewürzmischung und Salz einrühren und in die Mitte eine Mulde drücken. Ei, Hefemischung und restliches warmes Wasser unterrühren und zu einem Teig kneten. Kneten, bis es glatt und elastisch ist. Johannisbeeren, Sultaninen, Rosinen und gemischte Schale unterkneten. In eine geölte Schüssel geben, mit geölter Frischhaltefolie (Plastikfolie) abdecken und 1 Stunde an einem warmen Ort gehen lassen.

Die Zutaten für das Topping bröselig verkneten. Für die Füllung Butter oder Margarine und Zucker verrühren, Mandeln und Muskat untermischen. Den Teig zu einem großen Rechteck von etwa 1 cm Dicke ausrollen. Mit der Füllung belegen und mit den Pflaumen bestreuen. Wie eine Schweizer (Gelee-)Rolle aufrollen und die Ränder mit Ei bestreichen, um sie zu versiegeln. In 2,5 cm/1 Scheiben schneiden und in einer gefetteten, flachen Backform (Pfanne) anrichten. Mit Ei bestreichen und mit der Topping-Mischung bestreuen. Zugedeckt an einem warmen Ort 30 Minuten gehen lassen. Im vorgeheizten Backofen bei 220°C/425°F/Gas Stufe 7 30 Minuten backen.

Panforte

Ergibt einen 23 cm/9 Zoll großen Kuchen

175 g Kristallzucker

175 g/6 oz/½ Tasse klarer Honig

100 g / 4 oz / 2/3 Tasse getrocknete Feigen, gehackt

100 g / 4 oz / 2/3 Tasse gehackte gemischte (kandierte) Schale

50 g kandierte Kirschen (kandiert), gehackt

50 g glacé (kandierte) Ananas, gehackt

175 g blanchierte Mandeln, grob gehackt

100 g / 4 oz / 1 Tasse Walnüsse, grob gehackt

100 g Haselnüsse, grob gehackt

50 g/2 oz/½ Tasse einfaches Mehl (Allzweck)

25 g/1 oz/¼ Tasse Kakaopulver (ungesüßte Schokolade)

5 ml/1 TL gemahlener Zimt

Eine Prise geriebene Muskatnuss

15 ml/1 EL Puderzucker (Puderzucker), gesiebt

Kristallzucker im Honig in einem Topf bei schwacher Hitze auflösen. Zum Kochen bringen und 2 Minuten kochen, bis ein dickflüssiger Sirup entsteht. Früchte und Nüsse mischen und Mehl, Kakao und Gewürze unterrühren. Den Sirup einrühren. Die Mischung in eine gefettete 23 cm/9 Zoll Sandwichform (Pfanne) geben, die mit Reispapier ausgelegt ist. Im vorgeheizten Backofen bei 180°C/350°F/Gas Stufe 4 45 Minuten backen. 15 Minuten in der Form abkühlen lassen und dann zum Abkühlen auf ein Kuchengitter geben. Vor dem Servieren mit Puderzucker bestreuen.

Nudelband-Kuchen

Ergibt einen 23 cm/9 Zoll großen Kuchen

300 g/11 oz/2¾ Tassen einfaches Mehl (Allzweck)

50 g/2 oz/¼ Tasse Butter oder Margarine, geschmolzen

3 Eier, geschlagen

Eine Prise Salz

225 g/8 oz/2 Tassen Mandeln, gehackt

200 g/7 oz/Scan 1 Tasse (superfeiner) Streuzucker

Abgeriebene Schale und Saft von 1 Zitrone

90 ml/6 EL Kirschwasser

Das Mehl in eine Schüssel geben und in die Mitte eine Mulde drücken. Butter, Eier und Salz unterrühren und zu einem weichen Teig verkneten. Dünn ausrollen und in schmale Streifen schneiden. Mandeln, Zucker und Zitronenschale mischen. Eine Kuchenform (23cm/9cm) einfetten und mit Mehl ausstreuen. Eine Schicht der Nudelbänder auf den Boden der Form legen, mit etwas Mandelmasse bestreuen und mit etwas Kirschwasser bestreuen. Fahren Sie mit dem Schichten fort und schließen Sie mit einer Schicht Paste ab. Mit gebuttertem Pergamentpapier abdecken und 1 Stunde bei 180°C/350°F/Gas Stufe 4 backen.Vorsichtig umdrehen und heiß oder kalt servieren.

Italienischer Reiskuchen mit Grand Marnier

Ergibt einen 20 cm/8 Zoll großen Kuchen

1,5 Liter/2½ Punkte/6 Tassen Milch

Eine Prise Salz

350 g/12 oz/1½ Tassen Arborio oder anderer mittelgroßer Reis

Abgeriebene Schale von 1 Zitrone

60 ml/4 Esslöffel (feinster) Puderzucker

3 Eier

25 g/2 EL Butter oder Margarine

1 Eigelb

30 ml/2 EL gehackte gemischte (kandierte) Schale

225 g/8 oz/2 Tassen Mandelblättchen, geröstet

45 ml/3 EL Grand Marnier

30 ml/2 Esslöffel getrocknete Semmelbrösel

Milch und Salz in einem schweren Topf aufkochen, Reis und Zitronenschale zugeben, zugedeckt 18 Minuten köcheln lassen, gelegentlich umrühren. Vom Herd nehmen und Zucker, Eier und Butter oder Margarine einrühren und lauwarm werden lassen. Eigelb, gemischte Schale, Nüsse und Grand Marnier unterschlagen. Eine 20cm/8in Kuchenform (Blechform) einfetten und mit Semmelbröseln ausstreuen. Die Mischung in die Form geben und im vorgeheizten Ofen bei 150°C/300°F/Gas Stufe 2 45 Minuten backen, bis ein in die Mitte gesteckter Spieß sauber herauskommt. In der Form abkühlen lassen, umdrehen und heiß servieren.

Sizilianische Biskuitkuchen

Ergibt eine Torte von 23 x 9 cm/7 x 3½

450 g Madeira-Kuchen

Für die Füllung:

450 g Ricotta-Käse

50 g/2 oz/¼ Tasse Streuzucker (superfeiner) Zucker

30 ml/2 EL doppelte (schwere) Sahne

30 ml/2 EL gehackte gemischte (kandierte) Schale

15 ml/1 EL gehackte Mandeln

30 ml/2 Esslöffel Orangenlikör

50 g/2 oz/½ Tasse dunkle (halbbittere) Schokolade, gerieben

Für die Glasur (Glasur):

350 g/12 oz/3 Tassen dunkle (halbbittere) Schokolade

175 ml/6 fl oz/¾ Tasse starker schwarzer Kaffee

225 g/8 oz/1 Tasse ungesalzene (süße) Butter oder Margarine

Den Kuchen längs in 1 cm/½ Scheiben schneiden. Für die Füllung den Ricotta durch ein Sieb (Sieb) drücken und glatt schlagen. Zucker, Sahne, gemischte Schale, Mandeln, Likör und Schokolade unterschlagen. Schichten von Kuchen und Ricotta-Mischung in einer mit Folie ausgelegten 450-g-Kastenform anordnen und mit einer Schicht Kuchen abschließen. Die Folie darüberklappen und für 3 Stunden in den Kühlschrank stellen, bis sie fest ist.

Für die Glasur die Schokolade und den Kaffee in einer hitzebeständigen Schüssel über einem Topf mit leicht siedendem Wasser schmelzen. Butter oder Margarine unterschlagen und weiter schlagen, bis die Masse glatt ist. Abkühlen lassen, bis es dickflüssig ist.

Den Kuchen aus der Folie nehmen und auf eine Servierplatte legen. Die Glasur auf die Oberseite und die Seiten des Kuchens spritzen oder verteilen und Muster mit einer Gabel markieren, falls gewünscht. Kühl bis fest.

Italienischer Ricotta-Kuchen

Ergibt einen 25 cm/10 Zoll großen Kuchen

Für die Soße:

225 g Himbeeren

250 ml/8 fl oz/1 Tasse Wasser

50 g/2 oz/¼ Tasse Streuzucker (superfeiner) Zucker

30 ml/2 EL Speisestärke (Speisestärke)

Für die Füllung:

450 g Ricotta-Käse

225 g/8 oz/1 Tasse Frischkäse

75 g/3 oz/1/3 Tasse Streuzucker (superfeiner) Zucker

5 ml/1 TL Vanilleessenz (Extrakt)

Abgeriebene Schale von 1 Zitrone

Abgeriebene Schale von 1 Orange

Ein 25 cm/10 Zoll Angel Food Cake

Für die Sauce die Zutaten pürieren, bis sie glatt sind, in einen kleinen Topf geben und bei mittlerer Hitze unter Rühren kochen, bis die Sauce eindickt und gerade noch kocht. Nach Belieben die Samen abseihen und entsorgen. Abdecken und abkühlen lassen.

Für die Füllung alle Zutaten miteinander verquirlen, bis alles gut vermischt ist.

Den Kuchen waagerecht in drei Böden schneiden und mit zwei Dritteln der Füllung zusammenlegen, den Rest darauf verteilen. Abdecken und bis zum Servieren kalt stellen, die Soße darüber gießen.

Italienischer Fadennudelkuchen

Ergibt einen 23 cm/9 Zoll großen Kuchen

225 Gramm Fadennudeln

4 Eier, getrennt

200 g/7 oz/Scan 1 Tasse (superfeiner) Streuzucker

225 g Ricotta-Käse

2,5 ml/½ TL gemahlener Zimt

2,5 ml/½ TL gemahlene Nelken

Eine Prise Salz

50 g/2 oz/½ Tasse einfaches Mehl (Allzweck)

50 g Rosinen

45 ml/3 EL klarer Honig

Einfache (leichte) oder doppelte (schwere) Sahne zum Servieren

Einen großen Topf mit Wasser zum Kochen bringen, die Nudeln hinzugeben und 2 Minuten kochen. Abgießen und unter kaltem Wasser abspülen. Eigelbe mit dem Zucker schaumig schlagen. Ricotta, Zimt, Nelken und Salz unterschlagen und das Mehl unterheben. Rosinen und Nudeln unterrühren. Schlagen Sie das Eiweiß, bis es weiche Spitzen bildet, und heben Sie es dann unter die Kuchenmasse. In eine gefettete und ausgelegte 23 cm/9 cm Kuchenform füllen und im vorgeheizten Backofen bei 200°C/400°F/Gas Stufe 6 1 Stunde goldbraun backen. Den Honig leicht erhitzen und über den warmen Kuchen gießen. Heiß mit Sahne servieren.

Italienischer Walnuss- und Mascarponekuchen

Ergibt einen 23 cm/9 Zoll großen Kuchen

450 g Blätterteig

175 g/6 oz/¾ Tasse Mascarpone-Käse

50 g/2 oz/¼ Tasse Streuzucker (superfeiner) Zucker

30 ml/2 EL Marillenmarmelade (Dose)

3 Eigelb

50 g/2 oz/½ Tasse Walnüsse, gehackt

100 g / 4 oz / 2/3 Tasse gehackte gemischte (kandierte) Schale

Fein abgeriebene Schale von 1 Zitrone

Puderzucker (Puderzucker), gesiebt, zum Bestäuben

Den Teig ausrollen und eine gefettete 23cm/9 Tarteform (Blech) mit der Hälfte auslegen. Mascarpone mit Zucker, Marmelade und 2 Eigelb schaumig schlagen. 15 ml/1 EL der Nüsse für die Dekoration zurückbehalten und den Rest mit der gemischten Schale und der Zitronenschale unter die Mischung heben. In die Tortenform (Kuchenform) schöpfen. Die Füllung mit dem restlichen Teig (Nudeln) bedecken, befeuchten und die Ränder zusammenkleben. Das restliche Eigelb schlagen und die Oberseite damit bestreichen. Im vorgeheizten Backofen bei 200°C/400°F/Gas Stufe 6 35 Minuten backen, bis sie aufgegangen und goldbraun sind. Mit den beiseitegelegten Walnüssen bestreuen und mit Puderzucker bestäuben.

Holländischer Apfelkuchen

Serviert 8

150 g Butter oder Margarine

225 g/8 oz/2 Tassen einfaches Mehl (Allzweck)

5 ml/1 TL Backpulver

2 Eier, getrennt

10 ml/2 TL Zitronensaft

900 g ungeschälte (scharfe) Äpfel, entkernt und in Scheiben geschnitten

175 g/6 oz/1 Tasse verzehrfertige getrocknete Aprikosen, geviertelt

100 g Rosinen

30 ml/2 EL Wasser

5 ml/1 TL gemahlener Zimt

50 g/2 oz/½ Tasse gemahlene Mandeln

Reiben Sie die Butter oder Margarine in das Mehl und das Backpulver, bis die Mischung Paniermehl ähnelt. Eigelbe und 5 ml/1 TL Zitronensaft zugeben und zu einem weichen Teig verrühren. Rollen Sie zwei Drittel des Teigs (Nudeln) aus und legen Sie eine gefettete 23 cm/9 Zoll Kuchenform (Blech) aus. Apfelspalten, Aprikosen und Rosinen mit dem restlichen Zitronensaft und Wasser in einen Topf geben. 5 Minuten leicht köcheln lassen und dann abgießen. Das Obst in die Kuchenform geben. Zimt und gemahlene Mandeln mischen und darüber streuen. Den restlichen Teig ausrollen und einen Deckel für den Kuchen machen. Den Rand mit etwas Wasser versiegeln und die Oberseite mit Eiweiß bestreichen. Im vorgeheizten Backofen bei 180°C/350°F/Gas Stufe 4 ca. 45 Minuten backen, bis sie fest und goldbraun sind.

Norwegischer einfacher Kuchen

Ergibt einen 25 cm/10 Zoll großen Kuchen

225 g/1 Tasse Butter oder Margarine, weich

275 g/10 oz/1¼ Tassen (superfeiner) Streuzucker

5 Eier

175 g/6 oz/1½ Tassen Mehl (Allzweck)

7,5 ml/1½ TL Backpulver

Eine Prise Salz

5 ml/1 TL Mandelessenz (Extrakt)

Butter oder Margarine und Zucker schlagen, bis alles gut vermischt ist. Die Eier nach und nach hinzufügen und nach jeder Zugabe gut schlagen. Mehl, Backpulver, Salz und Mandelessenz glatt rühren. In eine ungefettete 25 cm/10 cm Kuchenform füllen und im vorgeheizten Ofen bei 160 °C/320 °F/Gas Stufe 3 1 Stunde lang backen, bis sie sich fest anfühlt. 10 Minuten in der Form abkühlen lassen, bevor sie zum Abkühlen auf ein Kuchengitter gelegt werden.

Norwegischer Kransekake

Ergibt einen 25 cm/10 Zoll großen Kuchen

450 g / 4 Tassen gemahlene Mandeln

100 g / 4 oz / 1 Tasse gemahlene Bittermandeln

450 g/1 lb/22/3 Tassen Puderzucker (Konditoren)

3 Eiweiß

                    Für die Glasur (Glasur):

75 g/3 oz/½ Tasse Puderzucker (Konditoren)

½ Eiweiß

2,5 ml/½ TL Zitronensaft

Mandeln und Puderzucker in einem Topf mischen. Rühren Sie ein Eiweiß ein und stellen Sie die Mischung bei schwacher Hitze auf, bis sie lauwarm ist. Vom Herd nehmen und das restliche Eiweiß einrühren. Masse in einen Spritzbeutel mit Lochtülle 1 cm/½ füllen und eine Spirale mit 25 cm Durchmesser auf ein gefettetes Backblech (Kekse) spritzen. Fahren Sie fort, in Spiralen zu spritzen, jede 5 mm/¼ kleiner als die letzte, bis Sie einen Kreis von 5 cm/2 haben. Im vorgeheizten Ofen bei 150°C/300°F/Gas Stufe 2 etwa 15 Minuten backen, bis sie leicht gebräunt sind. Legen Sie sie, solange sie noch warm sind, zu einem Turm übereinander.

Die Zutaten vermischen und durch eine feine Spritztülle Zickzacklinien über den ganzen Kuchen spritzen.

Portugiesische Kokosnusskuchen

Macht 12

4 Eier, getrennt

450 g/1 lb/2 Tassen (superfeiner) Streuzucker

450 g / 4 Tassen getrocknete (geschredderte) Kokosnuss

100 g/4 oz/1 Tasse Reismehl

50 ml/2 fl oz/3½ EL Rosenwasser

1,5 ml/¼ TL gemahlener Zimt

1,5 ml/¼ Teelöffel gemahlener Kardamom

Eine Prise gemahlene Nelken

Eine Prise geriebene Muskatnuss

25 g/1 oz/¼ Tasse gesplitterte (gesplitterte) Mandeln

Eigelb und Zucker schaumig schlagen. Die Kokosnuss unterrühren und dann das Mehl unterheben. Rosenwasser und Kräuter unterrühren. Das Eiweiß steif schlagen und dann unter die Masse heben. In eine gefettete 25 cm/10 quadratische Backform (Pfanne) gießen und mit Mandeln bestreuen. Im vorgeheizten Backofen bei 180°C/350°F/Gas Stufe 4 50 Minuten backen, bis ein in die Mitte gesteckter Spieß sauber herauskommt. 10 Minuten in der Form abkühlen lassen und dann in Quadrate schneiden.

Skandinavischer Tosca-Kuchen

Ergibt einen 23 cm/9 Zoll großen Kuchen

2 Eier

150 g/5 oz/2/3 Tasse weicher brauner Zucker

50 g/2 oz/¼ Tasse Butter oder Margarine, geschmolzen

10 ml/2 TL abgeriebene Orangenschale

150 g Mehl (Allzweckmehl)

7,5 ml/1½ TL Backpulver

60 ml/4 Esslöffel doppelte (schwere) Sahne

Für den Belag:

50 g Butter oder Margarine

50 g/2 oz/¼ Tasse Streuzucker (superfeiner) Zucker

100 g / 4 oz / 1 Tasse Mandeln, gehackt

15 ml/1 EL doppelte (schwere) Sahne

30 ml/2 EL Mehl (Allzweck)

Eier und Zucker schaumig schlagen. Butter oder Margarine und Orangenschale unterrühren, dann Mehl und Backpulver unterrühren. Sahne einrühren. Die Mischung in eine gefettete und eingefettete Kuchenform (23 cm/9 Zoll) geben und im vorgeheizten Backofen bei 180°C/350°C/Gas Stufe 4 20 Minuten backen.

Für das Topping die Zutaten in einem Topf erhitzen, gut verrühren und zum Kochen bringen. Über den Kuchen gießen. Erhöhen Sie die Ofentemperatur auf 200°C/400°F/Gas Stufe 6 und geben Sie den Kuchen für weitere 15 Minuten in den Ofen, bis er goldbraun ist.

Südafrikanische Hertzog-Kekse

Macht 12

75 g/3 oz/¾ Tasse einfaches Mehl (Allzweck)

15 ml/1 EL (feinster) Streuzucker

5 ml/1 TL Backpulver

Eine Prise Salz

40 g/1½ oz/3 Esslöffel Butter oder Margarine

1 großes Eigelb

5 ml/1 TL Milch

Für die Füllung:

30 ml/2 EL Marillenmarmelade (Dose)

1 großes Eiweiß

100 g/4 oz/½ Tasse (superfeiner) Zucker

50 g/2 oz/½ Tasse getrocknete (geschredderte) Kokosnuss

Mehl, Zucker, Backpulver und Salz mischen. Reiben Sie die Butter oder Margarine ein, bis die Mischung Paniermehl ähnelt. Eigelb und so viel Milch unterrühren, dass ein weicher Teig entsteht. Gut durchkneten. Den Teig auf einer leicht bemehlten Fläche ausrollen, mit einem Ausstecher Kreise ausstechen (Kekse) und damit gefettete Sandwichformen (Gebäck) auslegen. In die Mitte jeweils einen Löffel Marmelade geben.

Für die Füllung das Eiweiß steif schlagen und anschließend den Zucker steif und glänzend unterschlagen. Kokosnuss unterrühren. Löffeln Sie die Füllung in die Tortenformen (Kuchenschalen) und stellen Sie sicher, dass die Marmelade bedeckt ist. Im vorgeheizten Backofen bei 180°C/350°F/Gas Stufe 4 20 Minuten goldbraun backen. 5 Minuten in den Formen abkühlen lassen, bevor sie zum Abkühlen auf ein Gitter gelegt werden.

Baskischer Kuchen

Ergibt einen 25 cm/10 Zoll großen Kuchen

Für die Füllung:

50 g/2 oz/¼ Tasse Streuzucker (superfeiner) Zucker

25 g/1 oz/¼ Tasse Speisestärke (Maismehl)

2 Eigelb

300 ml/½ Pt/1¼ Tassen Milch

½ Vanilleschote (Bohne)

Etwas Puderzucker (Konditoren)

Für den Kuchen:

275 g/10 oz/1¼ Tassen Butter oder Margarine, weich

175 g/5 oz/¼ Tasse Streuzucker (superfeiner) Zucker

3 Eier

5 ml/1 TL Vanilleessenz (Extrakt)

450 g Mehl (Allzweckmehl)

10 ml/2 TL Backpulver

Eine Prise Salz

15 ml/1 EL Cognac

Puderzucker zum Bestäuben

Für die Füllung die Hälfte des Puderzuckers mit Speisestärke, Eigelb und etwas Milch schaumig schlagen. Die restliche Milch und den Zucker mit der Vanilleschote aufkochen, dann die Zucker-Ei-Mischung langsam unter ständigem Rühren zugießen. Zum Kochen bringen und unter ständigem Rühren 3 Minuten kochen lassen. In eine Schüssel füllen, mit Puderzucker bestreuen, damit sich keine Haut bildet, und abkühlen lassen.

Für den Kuchen Butter oder Margarine und Puderzucker schaumig schlagen. Die Eier und das Vanillearoma nach und nach unterrühren, Mehl, Backpulver und Salz löffelweise abwechseln, dann das restliche Mehl unterheben. Füllen Sie die Mischung in einen Spritzbeutel mit einer 1 cm/½ glatten Tülle (Spitze) und spritzen Sie die Hälfte der Mischung spiralförmig auf den Boden einer gefetteten und bemehlten Kuchenform (25 cm/10 Dose). Um den Rand herum einen Kreis aufspritzen, um eine Lippe zu bilden, um die Füllung zu halten. Die Vanilleschote von der Füllung entfernen, den Brandy einrühren und glatt schlagen, dann die Kuchenmasse darüber löffeln. Die restliche Kuchenmasse spiralförmig darüber spritzen. Im vorgeheizten Backofen bei 190°C/375°F/Gas Stufe 5 50 Minuten backen, bis sie goldbraun sind und sich fest anfühlen.

Mandel- und Frischkäseprisma

Ergibt einen 23 cm/9 Zoll großen Kuchen

200 g/7 oz/1¾ Tassen Butter oder Margarine, weich

100 g/4 oz/½ Tasse (superfeiner) Zucker

1 Ei

200 g/7 oz/scan 1 Tasse Frischkäse

5 ml/1 TL Zitronensaft

2,5 ml/½ TL gemahlener Zimt

75 ml/5 EL Cognac

90 ml/6 EL Milch

30 Leckere Kekse (Kekse)

Für die Glasur (Glasur):

60 ml/4 Esslöffel Puderzucker

30 ml/2 EL Kakaopulver (ungesüßte Schokolade)

100 g/4 oz/1 Tasse dunkle (halbbittere) Schokolade

60 ml/4 Esslöffel Wasser

50 g Butter oder Margarine

100 g / 4 oz / 1 Tasse gesplitterte (gesplitterte) Mandeln

Butter oder Margarine und Zucker schaumig schlagen. Ei, Frischkäse, Zitronensaft und Zimt unterschlagen. Legen Sie ein großes Blatt Folie auf eine Arbeitsfläche. Cognac und Milch verrühren. Tauchen Sie 10 Kekse in die Cognac-Mischung und legen Sie sie in einem Rechteck zwei Kekse hoch und fünf Kekse lang auf die Folie. Die Käsemischung über die Kekse verteilen. Tauchen Sie die restlichen Kekse in Brandy und Milch und legen Sie sie auf die Mischung, um eine lange dreieckige Form zu bilden. Folie einschlagen und über Nacht abkühlen lassen.

Für die Glasur Zucker, Kakao, Schokolade und Wasser in einem kleinen Topf zum Kochen bringen und 3 Minuten kochen lassen. Vom Herd nehmen und Butter einrühren. Etwas abkühlen lassen. Die Folie vom Kuchen entfernen und die Schokoladenmasse darauf verteilen. Noch warm die Mandeln auspressen. Kühl stellen, bis es fest ist.

Schwarzwälder Kirschtorte

Ergibt einen 18 cm/7 Zoll großen Kuchen

175 g/6 oz/¾ Tasse Butter oder Margarine, aufgeweicht

175 g/6 oz/¾ Tasse Streuzucker (superfeiner) Zucker

3 Eier, leicht geschlagen

150 g/5 oz/1¼ Tassen selbsttreibendes Mehl

25 g/1 oz/¼ Tasse Kakaopulver (ungesüßte Schokolade)

10 ml/2 TL Backpulver

90 ml/6 EL Kirschmarmelade (Dose)

100 g / 1 Tasse dunkle (halbbittere) Schokolade, fein gerieben

400 g/14 oz/1 große Dose Schwarzkirschen, abgetropft und entsaftet

150 ml/¼ Pt/2/3 Tasse doppelte (schwere) Sahne, Schlagsahne

10 ml/2 TL Pfeilwurz

Butter oder Margarine und Zucker schaumig schlagen. Eier nach und nach unterschlagen, dann Mehl, Kakao und Backpulver einarbeiten. Die Mischung auf zwei gefettete und ausgelegte Brotlaibe (18 cm/7 Zoll) verteilen und im vorgeheizten Ofen bei 180 °C/350 °F/Gas Stufe 4 25 Minuten lang backen, bis sie sich fest anfühlt. Abkühlen lassen.

Die Kuchen mit etwas Marmelade zusammenlegen und den Rest über die Seiten des Kuchens verteilen. Drücken Sie die geriebene Schokolade über die Seiten des Kuchens. Die Kirschen schön darauf anrichten. Die Sahne am oberen Tortenrand entlang spritzen. Die Pfeilwurz mit etwas Kirschsaft erhitzen und die Früchte glasig damit bepinseln.

Schokoladen- und Mandeltorte

Ergibt einen 23 cm/9 Zoll großen Kuchen

100 g/4 oz/1 Tasse dunkle (halbbittere) Schokolade

100 g/4 oz/½ Tasse Butter oder Margarine, aufgeweicht

150 g/5 oz/2/3 Tasse (superfeiner) Streuzucker

3 Eier, getrennt

50 g/2 oz/½ Tasse gemahlene Mandeln

100 g / 4 oz / 1 Tasse einfaches Mehl (Allzweck)

Für die Füllung:
225 g/8 oz/2 Tassen dunkle (halbbittere) Schokolade

300 ml/½ Pt/1¼ Tassen doppelte (schwere) Sahne

75 g/3 oz/¼ Tasse Himbeermarmelade (aus der Dose)

Die Schokolade in einer hitzebeständigen Schüssel über einem Topf mit leicht siedendem Wasser schmelzen. Butter oder Margarine und Zucker mischen und Schokolade und Eigelb unterrühren. Gemahlene Mandeln und Mehl unterheben. Das Eiweiß steif schlagen und dann unter die Masse heben. In eine gefettete und ausgelegte Kuchenform (23 cm/9) geben und im vorgeheizten Ofen bei 180 °C/350 °F/Gas Stufe 4 40 Minuten lang backen, bis sie sich fest anfühlt. Abkühlen lassen und den Kuchen dann waagerecht halbieren.

Für die Füllung Schokolade und Sahne in einer hitzebeständigen Schüssel über einem Topf mit siedendem Wasser schmelzen. Glatt rühren und abkühlen lassen, gelegentlich umrühren. Die Kuchen zusammen mit der Marmelade und der Hälfte der Schokoladencreme einlegen, die restliche Creme auf der Oberseite und den Seiten des Kuchens verteilen und fest werden lassen.

Schokoladen-Käsekuchen-Torte

Ergibt einen 23 cm/9 Zoll großen Kuchen

Für die Basis:

25 g/1 oz/2 Esslöffel (superfeiner) Streuzucker

175 g/6 oz/1½ Tassen Digestive Kekse (Graham Cracker) Krümel

75 g/3 oz/1/3 Tasse Butter oder Margarine, geschmolzen

Für die Füllung:

100 g/4 oz/1 Tasse dunkle (halbbittere) Schokolade

300 g Frischkäse

3 Eier, getrennt

45 ml/3 EL Kakaopulver (ungesüßte Schokolade)

25 g/1 oz/¼ Tasse einfaches Mehl (Allzweck)

50 g weicher brauner Zucker

150 ml/¼ pt/2/3 Tasse saure (Milch-saure) Sahne

50 g/2 oz/¼ Tasse feiner Zucker Zum Verzieren:

100 g/4 oz/1 Tasse dunkle (halbbittere) Schokolade

25 g/2 EL Butter oder Margarine

120 ml/4 fl oz/½ Tasse doppelte (schwere) Sahne

6 glacé (kandierte) Kirschen

Für den Boden den Zucker und die Keksbrösel in die geschmolzene Butter rühren und auf den Boden und die Seiten einer gefetteten Springform (23 cm/9 cm) drücken.

Für die Füllung die Schokolade in einer hitzebeständigen Schüssel über einem Topf mit leicht siedendem Wasser schmelzen. Etwas abkühlen lassen. Den Käse mit Eigelb, Kakao, Mehl, braunem Zucker und Sauerrahm schaumig schlagen und die geschmolzene Schokolade untermischen. Schlagen Sie das Eiweiß, bis es weiche

Spitzen bildet, fügen Sie dann den Puderzucker hinzu und schlagen Sie es erneut, bis es steif und glänzend ist. Die Mischung mit einem Metalllöffel unterheben und über den Boden schaufeln, sodass die Oberfläche eben ist. Im vorgeheizten Ofen bei 160°C/325°F/Gas Stufe 3 1½ Stunden backen. Den Ofen ausschalten und den Kuchen bei halb offener Ofentür auskühlen lassen. Kühlen, bis sie fest sind, und dann aus der Form nehmen.

Zum Garnieren Schokolade und Butter oder Margarine in einer hitzebeständigen Schüssel über einem Topf mit leicht siedendem Wasser schmelzen. Vom Herd nehmen und etwas abkühlen lassen, dann die Sahne unterrühren. Die Schokolade in Mustern über den Kuchen wirbeln und mit den glasierten Kirschen dekorieren.

Schokoladen-Fudge-Torte

Ergibt einen 20 cm/8 Zoll großen Kuchen

75 g dunkle (halbbittere) Schokolade, gehackt

200 ml/7 fl oz/scannt 1 Tasse Milch

225 g / 8 oz / 1 Tasse dunkelbrauner Zucker

75 g/3 oz/1/3 Tasse Butter oder Margarine, weich

2 Eier, leicht geschlagen

2,5 ml/½ TL Vanilleessenz (Extrakt)

150 g Mehl (Allzweckmehl)

25 g/1 oz/¼ Tasse Kakaopulver (ungesüßte Schokolade)

5 ml/1 TL Bicarbonat (Backpulver)

Für die Glasur (Glasur):
100 g/4 oz/1 Tasse dunkle (halbbittere) Schokolade

100 g/4 oz/½ Tasse Butter oder Margarine, aufgeweicht

225 g/8 oz/11/3 Tassen Puderzucker (Konditoren), gesiebt

Schokoladenflocken oder Locken zum Verzieren

Schokolade, Milch und 75 g/3 oz/1/3 Tasse Zucker zusammen in einem Topf schmelzen und etwas abkühlen lassen. Butter und restlichen Zucker schaumig schlagen. Eier und Vanilleessenz nach und nach unterschlagen, dann die Schokoladenmischung unterrühren. Mehl, Kakao und Natron vorsichtig unterheben. Die Mischung in zwei gefettete und ausgelegte Kuchenformen (20 cm/8 Zoll) geben und im vorgeheizten Ofen bei 180°C/350°F/Gas Stufe 4 30 Minuten lang backen, bis sie sich elastisch anfühlt. 3 Minuten in den Formen abkühlen lassen und dann zum Abkühlen auf ein Kuchengitter geben.

Für die Glasur die Schokolade in einer hitzebeständigen Schüssel über einem Topf mit leicht siedendem Wasser schmelzen. Butter oder Margarine und Zucker schaumig schlagen, dann die geschmolzene Schokolade unterrühren. Die Kuchen mit einem Drittel der Glasur zusammenlegen und den Rest auf der Oberseite und den Seiten des Kuchens verteilen. Dekorieren Sie die Oberseite mit zerkrümelten Flocken oder machen Sie Locken, indem Sie ein scharfes Messer an der Seite eines Schokoladenriegels abkratzen.

Johannisbrot-Minz-Torte

Ergibt einen 20 cm/8 Zoll großen Kuchen

3 Eier

50 g/2 oz/¼ Tasse Streuzucker (superfeiner) Zucker

75 g/3 oz/1/3 Tasse selbsttreibendes Mehl

25 g/1 oz/¼ Tasse Johannisbrotkernmehl

150 ml/¼ pt/2/3 Tasse Schlagsahne

Ein paar Tropfen Pfefferminzessenz (Extrakt)

50 g/2 oz/½ Tasse gehackte gemischte Nüsse

Die Eier schlagen, bis sie blass sind. Den Zucker unterschlagen und weiterschlagen, bis die Masse hell und cremig ist und in Streifen vom Schneebesen tropft. Dies kann 15-20 Minuten dauern. Mehl und Johannisbrotpulver mischen und unter die Eiermasse heben. In zwei gefettete und ausgelegte 20 cm/18 cm Kuchenformen füllen und im vorgeheizten Ofen bei 180 °C/350 °F/Gas Stufe 4 15 Minuten backen, bis sie sich elastisch anfühlen. Cool.

Sahne steif schlagen, Essenz und Nüsse unterrühren. Schneiden Sie jeden Kuchen horizontal in zwei Hälften und legen Sie alle Kuchen zusammen mit der Sahne.

Eiskaffee-Torte

Ergibt einen 18 cm/7 Zoll großen Kuchen

225 g/1 Tasse Butter oder Margarine

100 g/4 oz/½ Tasse (superfeiner) Zucker

2 Eier, leicht geschlagen

100 g / 4 oz / 1 Tasse selbstaufgehendes (selbstaufgehendes) Mehl

Eine Prise Salz

30 ml/2 EL Kaffeeessenz (Extrakt)

100 g / 4 oz / 1 Tasse gesplitterte (gesplitterte) Mandeln

225 g/8 oz/11/3 Tassen Puderzucker (Konditoren), gesiebt

Die Hälfte der Butter oder Margarine und den Puderzucker schaumig schlagen. Eier nach und nach unterschlagen, dann Mehl, Salz und 15 ml/1 Esslöffel Kaffee-Essenz unterheben. Die Mischung in zwei gefettete und ausgelegte 18 cm/7 Zoll Sandwichformen (Pfannen) geben und im vorgeheizten Ofen bei 180 °C/350 °F/Gas Stufe 4 25 Minuten lang backen, bis sie sich fest anfühlt. Abkühlen lassen. Die Mandeln in eine trockene Pfanne (Pfanne) geben und bei mittlerer Hitze unter ständigem Schütteln goldbraun rösten.

Die restliche Butter oder Margarine schaumig schlagen, dann nach und nach den Puderzucker und die restliche Kaffee-Essenz unterschlagen, bis eine glatte Konsistenz entsteht. Sandwich die Kuchen zusammen mit einem Drittel der Glasur (Zuckerguss). Die Hälfte der restlichen Glasur an den Seiten des Kuchens verteilen und die gerösteten Mandeln in die Glasur drücken. Den Rest auf dem Kuchen verteilen und mit einer Gabel Muster markieren.

Kaffee-Walnuss-Ring-Torte

Ergibt einen 23 cm/9 Zoll großen Kuchen

Für den Kuchen:

15 ml/1 EL lösliches Kaffeepulver

15 ml/1 EL Milch

100 g / 4 oz / 1 Tasse selbstaufgehendes (selbstaufgehendes) Mehl

5 ml/1 TL Backpulver

100 g/4 oz/½ Tasse Butter oder Margarine, aufgeweicht

100 g/4 oz/½ Tasse (superfeiner) Zucker

2 Eier, leicht geschlagen

Für die Füllung:

45 ml/3 EL Marillenmarmelade (eingemacht), passiert (abgetropft)

15 ml/1 EL Wasser

10 ml/2 TL lösliches Kaffeepulver

30 ml/2 EL Milch

100 g Puderzucker, gesiebt

50 g/2 oz/¼ Tasse Butter oder Margarine, weich

50 g/2 oz/½ Tasse Walnüsse, gehackt

Für die Glasur (Glasur):

30 ml/2 Esslöffel lösliches Kaffeepulver

90 ml/6 EL Milch

450 g/1 lb/22/3 Tassen Puderzucker (Konditoren), gesiebt

50 g Butter oder Margarine

Ein paar Walnusshälften zum Dekorieren

Für den Kuchen den Kaffee in der Milch auflösen, mit den anderen Kuchenzutaten vermischen und gut verrühren. In eine gefettete 23 cm/9 Zoll Ringform (Rohrform) geben und im vorgeheizten Ofen bei 160°C/325°F/Gas Stufe 3 40 Minuten backen, bis sie sich elastisch anfühlt. 5 Minuten in der Form abkühlen lassen und dann zum Abkühlen auf ein Kuchengitter geben. Den Kuchen waagerecht halbieren.

Für die Füllung Marmelade und Wasser erhitzen, bis alles gut vermischt ist, dann die Schnittflächen des Kuchens damit bestreichen. Den Kaffee in der Milch auflösen, den Puderzucker mit der Butter oder Margarine und den Nüssen verrühren und zu einer streichfähigen Konsistenz schlagen. Die beiden Hälften des Kuchens zusammen mit der Füllung einlegen.

Für die Glasur den Kaffee in der Milch in einer hitzebeständigen Schüssel auflösen, die über einem Topf mit leicht siedendem Wasser steht. Puderzucker und Butter oder Margarine dazugeben und glatt rühren. Vom Herd nehmen und abkühlen lassen und unter gelegentlichem Rühren auf die Konsistenz einer Beschichtung eindicken lassen. Glasur auf dem Kuchen verteilen, mit Walnusshälften dekorieren und fest werden lassen.

Dänische Schokoladen- und Puddingtorte

Ergibt einen 23 cm/9 Zoll großen Kuchen

4 Eier, getrennt

175 g/6 oz/1 Tasse Puderzucker, gesiebt

Abgeriebene Schale von ½ Zitrone

60 g Mehl (Allzweckmehl)

60 g Kartoffelmehl

2,5 ml/½ TL Backpulver

Für die Füllung:

45 ml/3 EL (feinster) Streuzucker

15 ml/1 EL Speisestärke (Speisestärke)

300 ml/½ Pt/1¼ Tassen Milch

3 Eigelb, geschlagen

50 g/2 oz/½ Tasse gehackte gemischte Nüsse

150 ml/¼ pt/2/3 Tasse doppelte (schwere) Sahne

Für den Belag:

100 g/4 oz/1 Tasse dunkle (halbbittere) Schokolade

30 ml/2 EL doppelte (schwere) Sahne

25 g/1 oz/¼ Tasse weiße Schokolade, gerieben oder gehackt

Eigelb mit Puderzucker und Zitronenschale schaumig schlagen. Mehl und Backpulver einrühren. Das Eiweiß steif schlagen und mit einem Metalllöffel unter die Masse heben. In eine gefettete und ausgelegte 23 cm/9 cm Kuchenform füllen und im vorgeheizten Ofen bei 190°C/375°F/Gas Stufe 5 20 Minuten backen, bis sie goldbraun und elastisch sind. 5 Minuten in der Form abkühlen lassen und dann zum Abkühlen auf ein Kuchengitter geben. Den Kuchen waagerecht in drei Böden schneiden.

Für die Füllung Zucker und Speisestärke mit etwas Milch zu einer Paste verrühren. Die restliche Milch knapp zum Kochen bringen, die Mischung in die Maizena gießen und gut verrühren. Zurück in die ausgespülte Pfanne geben und bei sehr schwacher Hitze ständig umrühren, bis die Creme eindickt. Eigelbe bei sehr schwacher Hitze unterschlagen, ohne den Pudding kochen zu lassen. Etwas abkühlen lassen und dann die Nüsse unterrühren. Schlagsahne steif schlagen und dann unter die Creme heben. Sandwich die Schichten zusammen mit der Creme.

Für das Topping die Schokolade mit der Sahne in einer hitzebeständigen Schüssel über einem Topf mit leicht siedendem Wasser schmelzen. Auf dem Kuchen verteilen und mit geriebener weißer Schokolade dekorieren.

Fruchttorte

Ergibt einen 20 cm/8 Zoll großen Kuchen

1 Bratapfel, geschält, entkernt und in Stücke geschnitten

25 g/1 oz/¼ Tasse getrocknete Feigen, gehackt

25 g/1 oz/¼ Tasse Rosinen

75 g/3 oz/1/3 Tasse Butter oder Margarine, weich

2 Eier

175 g/6 oz/1½ Tassen Vollkornmehl

5 ml/1 TL Backpulver

30 ml/2 EL Magermilch

15 ml/1 EL Gelatine

30 ml/2 EL Wasser

400 g/14 oz/1 große Dose Ananas, abgetropft, in Scheiben geschnitten

300 ml/½ Pt/1¼ Tassen Hüttenkäse

150 ml/¼ pt/2/3 Tasse Schlagsahne

Apfel, Feigen, Rosinen und Butter oder Margarine mischen. Die Eier unterschlagen. Mehl und Backpulver sowie so viel Milch unterheben, dass eine weiche Masse entsteht. In eine gefettete 20 cm/8 Zoll Kuchenform geben und im vorgeheizten Ofen bei 180 °C/350 °F/Gas Stufe 4 30 Minuten backen, bis sie sich fest anfühlt. Aus der Form nehmen und auf einem Kuchengitter abkühlen lassen.

Für die Füllung die Gelatine in einer kleinen Schüssel über das Wasser streuen und schaumig werden lassen. Stellen Sie die Schüssel in einen Topf mit heißem Wasser und lassen Sie sie dort, bis sie sich aufgelöst hat. Etwas abkühlen lassen. Ananas, Quark und Sahne unterrühren und kalt stellen. Den Kuchen waagerecht halbieren und mit der Sahne belegen.

Frucht-Savarin

Ergibt einen 20 cm/8 Zoll großen Kuchen

15 g/½ oz Frischhefe oder 20 ml/4 TL Trockenhefe

45 ml/3 EL warme Milch

100 g/4 oz/1 Tasse starkes Mehl (Brot)

Eine Prise Salz

5 ml/1 TL Zucker

2 Eier, geschlagen

50 g/2 oz/¼ Tasse Butter oder Margarine, weich

Für den Sirup:
225 g/8 oz/1 Tasse (superfeiner) Zucker

300 ml/½ pt/1¼ Tassen Wasser

45 ml / 3 Esslöffel Kirsch

Für die Füllung:
2 Bananen

100 g Erdbeeren, in Scheiben geschnitten

100 g Himbeeren

Hefe und Milch mischen, dann 15 ml/1 Esslöffel Mehl untermischen. Stehen lassen, bis es schaumig ist. Restliches Mehl, Salz, Zucker, Eier und Butter dazugeben und zu einem weichen Teig schlagen. In eine gefettete und bemehlte 20 cm/8 Zoll Savarin- oder Ringform (Röhrenform) geben und an einem warmen Ort etwa 45 Minuten ruhen lassen, bis die Mischung fast den Rand der Form erreicht. Im vorgeheizten Ofen 30 Minuten backen, bis sie goldbraun sind und sich von den Seiten der Form lösen. Auf einen Rost über einem Backblech stürzen und mit einem Spieß überall einstechen.

Während das Savarin kocht, den Sirup zubereiten. Den Zucker im Wasser bei schwacher Hitze auflösen und gelegentlich umrühren. Zum Kochen bringen und ohne Rühren 5 Minuten sirupartig köcheln lassen. Kirschwasser einrühren. Den heißen Sirup über das Savarin löffeln, bis es gesättigt ist. Abkühlen lassen.

Die Bananen in dünne Scheiben schneiden und mit den anderen Früchten und dem Sirup, der in den Behälter getropft ist, mischen. Legen Sie den Savarin auf einen Teller und löffeln Sie die Früchte kurz vor dem Servieren in die Mitte.

Ingwer-Schichtkuchen

Ergibt einen 18 cm/7 Zoll großen Kuchen

100 g / 4 oz / 1 Tasse selbstaufgehendes (selbstaufgehendes) Mehl

5 ml/1 TL Backpulver

100 g/4 oz/½ Tasse Butter oder Margarine, aufgeweicht

100 g/4 oz/½ Tasse (superfeiner) Zucker

2 Eier

Für die Füllung und Dekoration:

150 ml/¼ pt/2/3 Tasse Schlagsahne oder doppelte (schwere) Sahne

100 g/4 oz/1/3 Tasse Ingwermarmelade

4 Ingwerkekse (Kekse), zerkleinert

Ein paar Stücke kandierten (kandierten) Ingwers

Alle Zutaten für den Kuchen miteinander verquirlen, bis alles gut vermischt ist. In zwei gefettete und ausgekleidete 7"/7" Brotformen geben und im vorgeheizten Ofen bei 325°F/160°C/Gas Stufe 3 für 25 Minuten backen, bis sie goldbraun sind und sich elastisch anfühlen. 5 Minuten in den Formen abkühlen lassen und dann zum Abkühlen auf ein Kuchengitter geben. Jeden Kuchen waagerecht halbieren.

Für die Füllung die Schlagsahne steif schlagen. Die Hälfte der Marmelade auf den Boden eines Kuchens streichen und den zweiten Boden darauf legen. Mit der Hälfte der Creme bestreichen und mit der nächsten Schicht bedecken. Mit der restlichen Marmelade bestreichen und mit der letzten Schicht abdecken. Den Rest der Creme darauf verteilen und mit den Keksbröseln und dem kandierten Ingwer dekorieren.

Trauben-Pfirsich-Torte

Ergibt einen 20 cm/8 Zoll großen Kuchen

4 Eier

100 g/4 oz/½ Tasse (superfeiner) Zucker

75 g/6 oz/1½ Tassen einfaches Mehl (Allzweck)

Eine Prise Salz

Für die Füllung und Dekoration:
100 g/1 große Dose Pfirsiche in Sirup

450 ml/¾ pt/2 Tassen doppelte (schwere) Sahne

50 g/2 oz/¼ Tasse Streuzucker (superfeiner) Zucker

Ein paar Tropfen Vanilleessenz (Extrakt)

100 g / 4 oz / 1 Tasse Haselnüsse, gehackt

100 g / 4 oz kernlose (kernlose) Trauben

Ein Zweig frischer Minze

Eier und Zucker schaumig schlagen, bis die Masse dick und blass ist und in Streifen vom Schneebesen fällt. Mehl und Salz hineinsieben und vorsichtig unterheben, bis alles vermischt ist. In eine gefettete und mit Backpapier ausgelegte 20 cm/8 Springform füllen und im vorgeheizten Ofen bei 180°C/350°F/Gas Stufe 4 30 Minuten backen, bis ein in die Mitte gesteckter Spieß sauber herauskommt. 5 Minuten in der Form abkühlen lassen und dann zum Abkühlen auf ein Kuchengitter geben. Den Kuchen waagerecht halbieren.

Die Pfirsiche abtropfen lassen und dabei 90 ml/6 Esslöffel Sirup auffangen. Die Hälfte der Pfirsiche in dünne Scheiben schneiden und den Rest fein hacken. Schlagsahne mit Zucker und Vanilleessenz schaumig schlagen. Die Hälfte der Sahne auf dem unteren Tortenboden verteilen, mit den gehackten Pfirsichen bestreuen und den Tortenboden wieder aufsetzen. Die restliche

Sahne an den Seiten und über der Torte verteilen. Die gehackten Nüsse an den Seiten andrücken. Ordnen Sie die geschnittenen Pfirsiche am oberen Rand des Kuchens und die Trauben in der Mitte an. Mit einem Zweig Minze dekorieren.

Zitronentorte

Ergibt einen 18 cm/7 Zoll großen Kuchen

Für den Kuchen:
100 g/4 oz/½ Tasse Butter oder Margarine, aufgeweicht

100 g/4 oz/½ Tasse (superfeiner) Zucker

2 Eier, leicht geschlagen

100 g / 4 oz / 1 Tasse selbstaufgehendes (selbstaufgehendes) Mehl

Eine Prise Salz

Abgeriebene Schale und Saft von 1 Zitrone

Für die Glasur (Glasur):
100 g/4 oz/½ Tasse Butter oder Margarine, aufgeweicht

225 g/8 oz/11/3 Tassen Puderzucker (Konditoren), gesiebt

100 g / 4 oz / 1/3 Tasse Lemon Curd

Zuckergussblumen zur Dekoration

Für den Kuchen Butter oder Margarine und Zucker schaumig schlagen. Eier nach und nach unterschlagen, dann Mehl, Salz und Zitronenschale unterheben. Die Mischung in zwei gefettete und ausgelegte 18 cm/7 Zoll Sandwichformen (Pfannen) geben und im vorgeheizten Ofen bei 180 °C/350 °F/Gas Stufe 4 25 Minuten lang backen, bis sie sich fest anfühlt. Abkühlen lassen.

Für die Glasur Butter oder Margarine weich schlagen, dann Puderzucker und Zitronensaft einrühren, bis eine streichfähige Konsistenz entsteht. Legen Sie die Kuchen zusammen mit dem Lemon Curd und verteilen Sie drei Viertel der Glasur auf der Oberseite und den Seiten des Kuchens und markieren Sie Muster mit einer Gabel. Die restliche Glasur in einen Spritzbeutel mit Sterntülle (Tülle) füllen und Rosetten auf die Torte spritzen. Mit Zuckergussblumen dekorieren.

Marron-Torte

Ergibt einen 25 cm/10 Zoll großen Kuchen

425 g/1 große Dose Kastanienpüree

6 Eier, getrennt

5 ml/1 TL Vanilleessenz (Extrakt)

5 ml/1 TL gemahlener Zimt

350 g/12 oz/2 Tassen Puderzucker (Konditoren), gesiebt

100 g / 4 oz / 1 Tasse einfaches Mehl (Allzweck)

5 ml/1 TL Gelatinepulver

30 ml/2 EL Wasser

15 ml/1 EL Rum

300 ml/½ Pt/1¼ Tassen doppelte (schwere) Sahne

90ml/6EL Aprikosenmarmelade (eingemacht), passiert (abgetropft)

30 ml/2 EL Wasser

450 g dunkle (halbbittere) Schokolade, in Stücke gebrochen

100 g Mandelpaste

30 ml/2 EL gehackte Pistazien

Das Kastanienpüree abseihen und glatt rühren, dann halbieren. Eine Hälfte mit Eigelb, Vanilleessenz, Zimt und 50 g/1/3 Tasse Puderzucker verrühren. Das Eiweiß steif schlagen, dann nach und nach 175 g / 1 Tasse Puderzucker unterschlagen, bis die Masse steife Spitzen bildet. Unter die Eigelb-Kastanien-Mischung heben. Mehl unterheben und in eine gefettete, mit Backpapier ausgelegte Kuchenform (25 cm/10 cm) füllen. Im vorgeheizten Backofen bei 180°C/350°F/Gas Stufe 4 45 Minuten backen, bis sie sich elastisch anfühlen. Abkühlen lassen, abdecken und über Nacht stehen lassen.

Die Gelatine in einer Schüssel über das Wasser streuen und schaumig werden lassen. Stellen Sie die Schüssel in einen Topf mit heißem Wasser und lassen Sie sie dort, bis sie sich aufgelöst hat. Etwas abkühlen lassen. Das restliche Kastanienpüree mit dem restlichen Puderzucker und dem Rum verrühren. Schlagsahne steif schlagen und dann mit der aufgelösten Gelatine unter das Püree heben. Den Kuchen waagerecht dritteln und zusammen mit dem Kastanienpüree sandwichen. Die Ränder abschneiden und 30 Minuten abkühlen lassen.

Kochen Sie die Marmelade mit dem Wasser, bis alles gut vermischt ist, und bestreichen Sie dann die Oberseite und die Seiten des Kuchens. Die Schokolade in einer hitzebeständigen Schüssel über einem Topf mit leicht siedendem Wasser schmelzen. Aus dem Mandelmus 16 Kastanienförmchen formen. Tauchen Sie den Boden in die geschmolzene Schokolade und dann in die Pistazien. Verteilen Sie die restliche Schokolade auf der Oberseite und den Seiten des Kuchens und glätten Sie die Oberfläche mit einem Palettenmesser. Während die Schokolade noch warm ist, die Kastanien mit Mandelpaste am Rand anrichten und in 16 Scheiben markieren. Abkühlen lassen und fest werden.

Millefeuille

Ergibt einen 23 cm/9 Zoll großen Kuchen

225 g Blätterteig

150 ml/¼ pt/2/3 Tasse doppelte (schwere) oder schwere Sahne

45 ml/3 EL Himbeermarmelade (Dose)

Puderzucker, gesiebt

Den Teig (Nudeln) etwa 3 mm dick ausrollen und in drei gleich große Rechtecke schneiden. Auf ein befeuchtetes Backblech (Kekse) legen und im vorgeheizten Backofen bei 200°C/400°F/Gas Stufe 6 10 Minuten goldbraun backen. Auf einem Kuchengitter abkühlen lassen. Schlagsahne steif schlagen. Die Marmelade oben auf zwei der Teigrechtecke verteilen. Legen Sie die Rechtecke zusammen mit der Sahne und bedecken Sie sie mit der restlichen Sahne. Mit Puderzucker bestreut servieren.

Orangen-Torte

Ergibt einen 18 cm/7 Zoll großen Kuchen

225 g/1 Tasse Butter oder Margarine, weich

100 g/4 oz/½ Tasse (superfeiner) Zucker

2 Eier, leicht geschlagen

100 g / 4 oz / 1 Tasse selbstaufgehendes (selbstaufgehendes) Mehl

Eine Prise Salz

Geriebene Schale und Saft von 1 Orange

225 g/8 oz/11/3 Tassen Puderzucker (Konditoren), gesiebt

Glacé (kandierte) Orangenscheiben zum Dekorieren

Die Hälfte der Butter oder Margarine und den Puderzucker schaumig schlagen. Eier nach und nach unterschlagen, dann Mehl, Salz und Orangenschale unterheben. Die Mischung in zwei gefettete und ausgelegte 18 cm/7 Zoll Sandwichformen (Pfannen) geben und im vorgeheizten Ofen bei 180 °C/350 °F/Gas Stufe 4 25 Minuten lang backen, bis sie sich fest anfühlt. Abkühlen lassen.

Die restliche Butter oder Margarine schaumig schlagen, dann den Puderzucker und den Orangensaft einrühren, bis eine streichfähige Konsistenz entsteht. Die Kuchen mit einem Drittel der Glasur (Glasur) zusammenlegen, den Rest auf der Oberseite und den Seiten des Kuchens verteilen und Muster mit einer Gabel markieren. Mit glasierten Orangenscheiben garnieren.

Vierschichtige Orangenmarmeladen-Torte

Ergibt einen 23 cm/9 Zoll großen Kuchen

Für den Kuchen:

200 ml/7 fl oz/scannt 1 Tasse Wasser

25 g/2 EL Butter oder Margarine

4 Eier, leicht geschlagen

300 g/11 oz/11/3 Tassen (superfeiner) Streuzucker

5 ml/1 TL Vanilleessenz (Extrakt)

300 g/11 oz/2¾ Tassen einfaches Mehl (Allzweck)

10 ml/2 TL Backpulver

Eine Prise Salz

Für die Füllung:

30 ml/2 EL Mehl (Allzweck)

30 ml/2 EL Speisestärke (Speisestärke)

15 ml/1 EL (feinster) Streuzucker

2 Eier, getrennt

450 ml/¾ pt/2 Tassen Milch

5 ml/1 TL Vanilleessenz (Extrakt)

120 ml/4 fl oz/½ Tasse süßer Sherry

175 g/6 oz/½ Tasse Orangenmarmelade

120 ml/4 fl oz/½ Tasse doppelte (schwere) Sahne

100 g Erdnusskrokant, zerkleinert

Für den Kuchen das Wasser mit der Butter oder Margarine zum Kochen bringen. Eier und Zucker schaumig schlagen und weiter schlagen, bis die Masse sehr hell ist. Vanillearoma unterschlagen, mit Mehl, Backpulver und Salz bestreuen und mit der kochenden Butter-Wasser-Mischung aufgießen. Mischen Sie zusammen, bis gemischt. In zwei gefettete und bemehlte 23 cm/9 Kuchenformen (Pfannen) geben und im vorgeheizten Ofen bei 180 °C/350 °F/Gas Stufe 4 25 Minuten lang backen, bis sie goldbraun sind und sich elastisch anfühlen. 3 Minuten in den Formen abkühlen lassen und dann zum Abkühlen auf ein Kuchengitter geben. Jeden Kuchen waagerecht halbieren.

Für die Füllung Mehl, Speisestärke, Zucker und Eigelb mit etwas Milch zu einem Teig verrühren. Die restliche Milch in einem Topf aufkochen, in die Masse gießen und glatt rühren. Zurück in die gespülte Pfanne und bei schwacher Hitze unter ständigem Rühren zum Kochen bringen, bis sie dickflüssig ist. Vom Herd nehmen und Vanilleessenz einrühren und etwas abkühlen lassen. Das Eiweiß steif schlagen und dann unterheben.

Den Sherry auf die vier Tortenböden streuen, drei mit Marmelade bestreichen und die Creme darauf verteilen. Bauen Sie die Schichten zu einem vierschichtigen Sandwich zusammen. Schlagsahne steif schlagen und über den Kuchen geben. Mit dem Erdnusskrokant bestreuen.

Pekannuss- und Datteltorte

Ergibt einen 23 cm/9 Zoll großen Kuchen

Für den Kuchen:

250 ml/8 fl oz/1 Tasse kochendes Wasser

450 g/1 lb/2 Tassen entkernte (entsteinte) Datteln, fein gehackt

2,5 ml/½ TL Bicarbonat (Backpulver)

225 g/1 Tasse Butter oder Margarine, weich

225 g/8 oz/1 Tasse (superfeiner) Zucker

3 Eier

100 g / 4 oz / 1 Tasse gehackte Pekannüsse

5 ml/1 TL Vanilleessenz (Extrakt)

350 g/12 Unzen/3 Tassen einfaches Mehl

10 ml/2 TL gemahlener Zimt

5 ml/1 TL Backpulver

Für die Glasur (Glasur):

120 ml/4 fl oz/½ Tasse Wasser

30 ml/2 EL Kakaopulver (ungesüßte Schokolade)

10 ml/2 TL lösliches Kaffeepulver

100 g/4 oz/½ Tasse Butter oder Margarine

400 g/14 oz/21/3 Tassen Puderzucker (Konditoren), gesiebt

50 g/2 oz/½ Tasse Pekannüsse, fein gehackt

Für den Kuchen Datteln und Soda mit kochendem Wasser übergießen und abkühlen lassen. Butter oder Margarine und Puderzucker schaumig schlagen. Eier nach und nach unterschlagen, dann Nüsse, Vanilleessenz und Datteln unterrühren. Mehl, Zimt und Backpulver unterheben. In zwei gefettete Brotlaibe (23 cm/9 Zoll) geben und im vorgeheizten Ofen bei 180 °C/350 °F/Gas Stufe 4 30 Minuten lang backen, bis sie sich elastisch anfühlen. Zum Abkühlen auf ein Kuchengitter geben.

Für die Glasur Wasser, Kakao und Kaffee in einem kleinen Topf aufkochen, bis ein dickflüssiger Sirup entsteht. Abkühlen lassen. Butter oder Margarine zusammen mit dem Puderzucker schaumig schlagen, dann den Sirup einrühren. Sandwich die Kuchen zusammen mit einem Drittel der Glasur. Die Hälfte der restlichen Glasur an den Seiten des Kuchens verteilen, dann die gehackten Pekannüsse andrücken. Die restliche Glasur größtenteils darauf verteilen und einige Glasurrosetten aufspritzen.

Pflaumen-Zimt-Torte

Ergibt einen 23 cm/9 Zoll großen Kuchen

350 g/12 oz/1½ Tassen Butter oder Margarine, weich

175 g/6 oz/¾ Tasse Streuzucker (superfeiner) Zucker

3 Eier

150 g/5 oz/1¼ Tassen selbsttreibendes Mehl

5 ml/1 TL Backpulver

5 ml/1 TL gemahlener Zimt

350 g/12 oz/2 Tassen Puderzucker (Konditoren), gesiebt

5 ml/1 TL fein geriebene Orangenschale

100 g/4 oz/1 Tasse Haselnüsse, grob gemahlen

300 g/11 oz/1 mittelgroße Dose Pflaumen, abgetropft

Die Hälfte der Butter oder Margarine und den Puderzucker schaumig schlagen. Eier nach und nach unterschlagen, dann Mehl, Backpulver und Zimt unterheben. In eine gefettete und ausgelegte 23 cm/9 quadratische Kuchenform geben und im vorgeheizten Ofen bei 180 °C/350 °F/Gas Stufe 4 40 Minuten backen, bis ein in die Mitte gesteckter Spieß sauber herauskommt. Aus der Form nehmen und abkühlen lassen.

Restliche Butter oder Margarine schaumig schlagen, dann Puderzucker und abgeriebene Orangenschale untermischen. Den Kuchen waagerecht halbieren und die beiden Hälften mit zwei Dritteln der Glasur zusammenkleben. Verteilen Sie den größten Teil der restlichen Glasur auf der Oberseite und den Seiten des Kuchens. Die Nüsse an den Tortenrand andrücken und die Pflaumen schön darauf verteilen. Die restliche Glasur dekorativ um den oberen Tortenrand spritzen.

Schnittschicht Torte

Ergibt einen 25 cm/10 Zoll großen Kuchen

Für den Kuchen:

225 g/1 Tasse Butter oder Margarine

300 g/10 oz/2¼ Tassen (superfeiner) Streuzucker

3 Eier, getrennt

450 g Mehl (Allzweckmehl)

5 ml/1 TL Backpulver

5 ml/1 TL Bicarbonat (Backpulver)

5 ml/1 TL gemahlener Zimt

5 ml/1 TL geriebene Muskatnuss

2,5 ml/½ TL gemahlene Nelken

Eine Prise Salz

250 ml/8 fl oz/1 Tasse einzelne (leichte) Sahne

225 g/11/3 Tassen entsteinte (entsteinte) gekochte Pflaumen, fein gehackt

Für die Füllung:

250 ml/8 fl oz/1 Tasse einzelne (leichte) Sahne

100 g/4 oz/½ Tasse (superfeiner) Zucker

3 Eigelb

225 g/11/3 Tassen entsteinte (entsteinte) gekochte Pflaumen

30 ml/2 EL abgeriebene Orangenschale

5 ml/1 TL Vanilleessenz (Extrakt)

50 g/2 oz/½ Tasse gehackte gemischte Nüsse

Für den Kuchen Butter oder Margarine und Zucker verrühren. Eigelb nach und nach unterschlagen, dann Mehl, Backpulver,

Natron, Gewürze und Salz unterheben. Sahne und Pflaumen unterheben. Das Eiweiß steif schlagen und dann unter die Masse heben. In drei gefettete und bemehlte 25 cm/10 Kastenformen (Pfannen) geben und im vorgeheizten Ofen bei 180°C/350°F/Gas Stufe 4 25 Minuten backen, bis sie gut aufgegangen sind und sich elastisch anfühlen. Abkühlen lassen.

Alle Zutaten für die Füllung außer den Nüssen gut vermischen. In einen Topf geben und bei schwacher Hitze unter ständigem Rühren dickflüssig kochen. Ein Drittel der Füllung auf dem Bodenkuchen verteilen und mit einem Drittel der Nüsse bestreuen. Den zweiten Kuchen darauflegen und mit der Hälfte des restlichen Frostings und der Hälfte der restlichen Nüsse belegen. Legen Sie den letzten Kuchen darauf und verteilen Sie den Rest der Glasur und Nüsse darauf.

www.ingramcontent.com/pod-product-compliance
Lightning Source LLC
Chambersburg PA
CBHW071141080526
44587CB00013B/1706